A SAPATILHA
que MUDOU
meu MUNDO

Texto fixado conforme as regras do Novo Acordo Ortográfico da Língua Portuguesa (Decreto Legislativo nº 54, de 1995).

Editor responsável: Guilherme Samora
Editora assistente: Gabriele Fernandes
Preparação: Jaqueline Martinho dos Santos
Revisão: Ariadne Martins e Adriana Moreira Pedro
Foto de capa: Talitha Ramos
Design de capa: Guilherme Francini
Projeto gráfico e diagramação: Douglas Kenji Watanabe

CIP-BRASIL. CATALOGAÇÃO NA PUBLICAÇÃO
SINDICATO NACIONAL DOS EDITORES DE LIVROS, RJ

S58s

    Silva, Ingrid,
       A sapatilha que mudou meu mundo / Ingrid Silva. — 1ª ed. — Rio de Janeiro: Globo Livros, 2021.

      ISBN 978-65-86047-87-5

      1. Silva, Ingrid, 1988-. 2. Bailarinas — Biografia — Brasil. 3. Negras — Condições sociais — Brasil. I. Título.

21-71848
                           CDD: 927.9280981
                           CDU: 929:7.071.2(81)

Camila Donis Hartmann — Bibliotecária — CRB-7/6472

1ª edição, 2021

Editora Globo S.A.
Rua Marquês de Pombal, 25
Rio de Janeiro, RJ — 20230-240
www.globolivros.com.br

INGRID SILVA

A SAPATILHA que MUDOU meu MUNDO

GLOBOLIVROS

Eu já passei
Por quase tudo nessa vida
Em matéria de guarida
Espero ainda a minha vez
Confesso que sou
De origem pobre
Mas meu coração é nobre
Foi assim que Deus me fez
E deixa a vida me levar
Vida leva eu!

Trecho de "Deixa a vida me levar",
de Serginho Meriti e Eri do Cais

Dedico este livro a Laura, Maureny, Cláudio, Bruno, Fernando e Frida.

Às pessoas que um dia sonharam e às que ainda sonham — saibam que seus sonhos não são em vão. Acreditem!

Sumário

Introdução 8
Ela acreditou em mim (mais do que eu mesma!) 12
Será que eu consigo? 18
New York, New York 26
Racismo 34
O poder do meu cabelo 44
Sim, eu posso — e sempre tenho que me lembrar disso 52
Autoestima é construção 66
Existe um "corpo de bailarina"? 72
A primeira boneca da cor da minha pele 78
A romantização da maternidade: gravidez e parto 84
O que é ser mãe hoje? 114
Amor e amor! 122
Nem sempre vai ser do jeito que planejamos. E tudo bem! 126
Uma rede de suporte 130
Desintoxicando o meu espaço 136
Sonhos que nos movem 140
Meu pai 144
Meu irmão 148
Frida Kahlo, *the frenchie* 152
Querida Ingrid: uma carta para mim mesma 160
A sapatilha 164

Agradecimentos 172

Introdução

Venho de uma família humilde. Nasci no bairro de Botafogo, na cidade do Rio de Janeiro, mas logo em seguida minha família se mudou para Benfica, atualmente conhecido como "a entrada do subúrbio carioca". Passei toda a minha infância entre a zona central e a zona norte do Rio, pelos bairros da Tijuca, da Mangueira, do Maracanã e de São Cristóvão.

Nossa casa ficava perto da Vila Olímpica da Mangueira, onde eram oferecidas aulas de diversos esportes. Eu adorava natação, que praticava desde os meus três anos. O balé surgiu como mais uma atividade extra. Em 1996, aos oito anos de idade, minha mãe me matriculou no Dançando para Não Dançar, projeto social idealizado por Thereza Aguilar no início dos anos 1990, para que eu pudesse gastar minhas energias. Quando tive que escolher entre a natação e o balé, fiquei muito triste, mas nunca me arrependi da minha decisão.

A dança conseguiu motivar meu irmão e eu e nos levar a outras áreas que nos fizeram crescer não só como profissionais, mas como seres humanos. Muitas vezes, as pessoas da comunidade são rotuladas, consideradas "faveladas" — nunca gostei dessa palavra, considero-a tão errada! —, quando, na verdade, apenas precisam de uma oportunidade para ascender. O local onde as pessoas moram não deveria servir como critério de definição de seu caráter.

Este livro não fala apenas sobre balé. Ele relata a minha vida, o que me levou a ser essa mulher que, hoje, não tem dúvidas sobre a sua importância, sobre o seu lugar no mundo. Espero que você possa se redescobrir e se inspirar por meio da minha trajetória.

Demorei um tempo para definir o título deste livro; e, justamente numa sala de balé, em uma aula com Bethânia Gomes, ele me veio: *A sapatilha que mudou meu mundo*, porque graças à minha primeira sapatilha tive a chance de descobrir um mundo cheio de possibilidades e oportunidades.

Ela acreditou em mim (mais do que eu mesma!)

EU TENHO UMA CERTEZA NA VIDA: muito do que conquistei se deve a minha mãe, Maureny, hoje empregada doméstica aposentada. Filha de Umbelina e José, que, ao todo, tiveram treze filhos, ela cresceu em uma fazenda em Mimoso do Sul, no Espírito Santo, onde meus avós plantavam arroz. Seu sonho sempre foi poder estudar, mas meu avô era contra, por ela ser mulher... Tempos antigos, infelizmente! No entanto, isso nunca a fez desistir. Minha mãe foi para o Rio de Janeiro e trabalhou como empregada doméstica por muitos anos. Conheceu meu pai, Claudio, e os dois formaram uma família. Meus pais, eu e meu irmão morávamos em uma casa de dois cômodos, no bairro de Benfica, zona norte do Rio de Janeiro. A casa ficava atrás da comunidade Parque Arará. No fim das contas, a região onde morávamos também era considerada como parte da comunidade.

Morei em Benfica até os meus dezoito anos e conhecia muita gente. Tive uma infância incrível! Sempre fui muito "moleca", então jogava bola com os meninos, as famosas "estouradas" do futebol. Eu ia pra cima! Brincava de peão, bolinha de gude, queimada, taco, pega-pega e pique-esconde. Foram tempos que, ao olhar para trás, sei que foram mágicos. É uma pena que as crianças de hoje não vivam da mesma maneira.

Desde pequenos, meu irmão e eu sempre praticamos esportes — natação, futebol, basquete, ginástica olímpica, capoeira, artes marciais, entre outros. Minha mãe nos matriculava em todos os tipos de curso que podia. Ela não sabia muito sobre balé, mas sabia que queria o melhor para os filhos. Apesar de eu nunca ter falado com ela tão diretamente sobre isso, sinto que ela acreditava que aquilo poderia ampliar nossas chances no futuro — e ela estava certa!

Certo dia, um vizinho, o "tio" Arizio, comentou com a minha mãe que estavam abrindo vagas para um teste de balé na Vila Olímpica da Mangueira. Foi ali que conhecemos o projeto Dançando para Não Dançar.

O projeto, direcionado inicialmente a crianças órfãs ou moradoras de comunidades, foi criado por Thereza Aguilar no começo dos anos 1990, impulsionada por sua experiência com o balé cubano. No fim de 1994, com o apoio de membros da Associação dos Moradores dos morros do Pavão-Pavãozinho e do Cantagalo, realizou-se a convocação das crianças interessadas em fazer aulas de balé. No dia do teste para a formação da primeira turma, compareceram 250 crianças para as quarenta vagas ofertadas. Assim surgiu o Dançando para Não Dançar, que até hoje forma não apenas bailarinos, mas também cidadãos.

Na época, confesso, encarei o teste como "mais uma atividade". Afinal, nunca tinha ouvido falar ou assistido a uma apresentação de balé. Fiz o teste e passei. E lá fui eu, aos oito anos, encarar minha primeira aula de balé. A dança foi entrando na minha vida de maneira orgânica. Nunca sonhei em ser bailarina, por isso sempre falo que a dança me escolheu. Eu me encantei e fui entendendo-a como parte do meu corpo, parte de mim. Anos depois, minha mãe me contou que me via dançando na pontinha dos pés quando eu era pequena e achava que eu seria bailarina. De onde isso veio? Não sei.

Agradeço a minha mãe por largar tudo — tudo mesmo, até o trabalho — para acompanhar meu irmão e eu nas escolas de dança, nos testes. Ela é uma das pessoas mais corretas que conheço. E sempre me dizia: "Se o balé é o que você quer, trabalhe duro e dê o seu melhor". Me descobri na dança. Era o que eu mais queria, mas, ao mesmo tempo, por mais que quisesse ser uma bailarina profissional, não tinha referências.

No Brasil, durante a minha infância e adolescência, não tive representatividade, não havia ninguém que se parecesse comigo no balé clássico profissional para que eu pudesse me inspirar e imaginar: "Nossa, posso ser como ela!".

Amava ver a Ana Botafogo dançar, maravilhosa, e dona de uma interpretação artística impecável no palco. Eu a vi pela primeira vez no Teatro Municipal do Rio de Janeiro. Lá estava ela, incrível! Apenas mais velha é que ouvi falar da Mercedes Baptista, a primeira bailarina negra a fazer parte do corpo de baile do Teatro Municipal do Rio de Janeiro. Até então, eu tinha somente a minha mãe como referência. Era graças a ela — e por ela — que eu seguia em frente. Minha mãe sempre foi a minha maior inspiração.

O projeto incentivava os alunos a ampliar suas carreiras e a fazer audições para outras escolas de dança. Para quem não sabe, no balé a audição é um teste para ingressar em uma companhia de dança em que o bailarino deve demonstrar suas habilidades técnicas. Há várias maneiras de fazer isso, por exemplo, por meio da gravação de um vídeo ou realizando uma apresentação em um festival que tenha contato com companhias profissionais.

Com onze anos, fiz uma audição para a Escola Estadual de Dança Maria Olenewa, onde dancei por cinco anos e conheci Edy Diegues, professora que mudou a minha vida. Logo depois, ingressei no Centro de Movimento Deborah Colker, onde aprendi balé contemporâneo, tive contato com outros estilos de dança, além da oportunidade de trabalhar com a Deborah Colker. Aos dezessete anos, ingressei no Grupo Corpo e morei por cinco meses em Belo Horizonte, pois era estagiária na companhia. E foi assim que tive minha primeira experiência profissional com uma companhia de dança no Brasil. Aprendi muito no Grupo Corpo e participei da montagem de *Breu*, um dos balés que mais amo. Lá também fiz amigos que se tornaram minha família. Enfim, tenho ótimas memórias desse período.

Hoje, ao receber mensagens de meninas negras do mundo todo que dançam e encontram em mim alguma inspiração, percebo que a dança está um pouco mais inclusiva. No entanto, temos um longo caminho pela frente.

Será que eu consigo?

CERTA VEZ, RECEBEMOS A VISITA de uma bailarina que foi assistir a uma das aulas de balé do Dançando para Não Dançar. Era Bethânia Gomes, mulher negra que havia sido a primeira brasileira a integrar a companhia Dance Theatre of Harlem na posição de primeira bailarina. Ela e Norma Pina, que fora a bailarina principal do Teatro Municipal por muitos anos e que era uma das professoras do projeto, haviam dançado juntas e eram amigas. Na época, eu tinha dezessete para dezoito anos. Bem tímida, dançava no fundo da sala. Tinha potencial, mas me faltava um "pontapé". Lembro, como se fosse hoje, quando Bethânia entrou na sala. Acompanhada de sua tia Maria Isabel, ela estava grávida, tinha uma barriga enorme e usava um vestido branco. Muito elegante e simpática, sentou-se no canto da sala, com uma visão ampla de tudo o que estava acontecendo.

Nossa sala, lugar onde aprendi a dar meus primeiros passos de balé, tinha barras, um chão de linóleo, era pequena e muito abafada. A Bethânia estava sentada lá, com a porta aberta, assistindo à aula, com aquele calor que fazia na Vila Olímpica da Mangueira. Então, em um dado momento, Bethânia, hoje minha amiga e coach de balé, me chamou e disse: "Ei, você! Vem pra frente. Você não é alta, não pode ficar atrás. Você tem que se acostumar a ficar na frente". Eu, sempre tímida, fiz o que ela pediu.

Ao me observar durante aquela aula, ela ficou encantada com meu talento e sugeriu para a Thereza Aguilar, diretora do projeto, que eu tentasse uma bolsa no exterior. A ideia era que eu enviasse um vídeo de audição para a companhia Dance Theatre of Harlem e ingressasse nela.

Me lembro de pensar: "Mas onde é isso? Será que eu consigo?". De fato, muitas das meninas que dançavam no projeto conseguiram bolsas para estudar fora, como na Staatliche Ballettschule Berlin, na Alemanha; ou no Balé Nacional de Cuba. Eu ficava me perguntando quando chegaria a minha vez. Me lembro de ter perguntado para a Bethânia: "Qual é o critério para passar na audição para a Dance Theatre of Harlem?". E ela olhou para mim e riu. Sempre questionava o porquê de eu ainda não ter ganhado uma bolsa para estudar fora. Até que compreendi que a cor da pele, talvez, fosse o que permitia que outras viajassem para estudar no exterior, e eu não.

Fizemos o vídeo de audição,[1] que foi enviado pelo correio. Entre mais de duzentas concorrentes, fui uma das selecionadas para fazer um curso de verão na Dance Theatre of Harlem! Mas eu teria que ir pessoalmente, também, para uma audição com Arthur Mitchell. Quem diria! Quando essa oportunidade me foi apresentada, fiquei com receio e não tão empolgada no início porque, imagine, eu estava na faculdade, era noiva e estava com a minha "vidinha" organizada. Mal sabia que o futuro ainda tinha — e muito — para me revelar e oferecer. E que bom, viu!

Assim, em 2007 fui chamada para a Dance Theatre of Harlem para participar de um curso de verão e tive que fazer uma nova audição porque perderam o vídeo que havíamos enviado. Passei um mês em Nova York e conheci essa cidade cheia de possibilidades. Fiz a audição com o próprio Mr. Mitchell, fundador

---

[1] Nesse vídeo, são apresentados a técnica e o talento para balé clássico; então, havia aula na barra, no centro, e eu dançando com a sapatilha de ponta.

da escola. Lembro como se fosse ontem: ele entrou na sala ampla e luminosa do estúdio 3 (onde até hoje ensaio com a companhia, local amplo de paredes de tijolos e com muita luz) com sua bengala e um terno — ele sempre se vestia muito elegantemente, mas eu esperava que ele se vestisse como bailarino, com roupas de dança.

Quando cheguei a Nova York, em 2007, achei impressionante e, ao mesmo tempo, acolhedor o fato de todos da escola serem parecidos comigo. Lembro até hoje da sensação de abrir a porta e ver todos aqueles bailarinos. Pela primeira vez, depois de ter dançado em várias escolas, estava em uma sala de aula que refletia o que eu tanto esperava, foi magnífico! Isso porque a Dance Theatre of Harlem, companhia fundada em 1969 por Arthur Mitchell, primeiro afro-americano a assumir o posto de bailarino principal do New York City Ballet, e Karel Shook, tem em sua maioria bailarinos negros e bailarinos de países e culturas variados. Aliás, é a única companhia no mundo a ter mais bailarinos negros em seu corpo de balé. Isso prova como o setor da dança ainda tem muito a evoluir, algo importante para toda a humanidade e para as futuras gerações.

Mr. Mitchell se sentou na sua cadeira especial, almofadada — pois havia feito uma cirurgia no quadril —, que ficava no meio da sala, e conduziu a audição. Senti uma pressão enorme. Durante a audição, tremia mais do que vara verde de nervoso, medo e ansiedade. "Como assim? Ele é O cara! Ele fundou isso aqui!", pensava. Em um momento da audição, ele pediu que fizéssemos um *port de bras* (movimento com os braços), e eu fiz, sempre muito acanhada. Ele, então, me disse: "Se você não levantar essa cabeça e se impor, te mando de volta pro Brasil!". Seu tom foi supersério, mas no fim deu uma risada. E logo segui suas orientações. Mr. Mitchell tinha um gesto que era a sua assinatura, uma espécie de grito de confirmação para dizer que você tinha feito muito bem. Após eu ter feito o movimento, ele gritou: "Ahh, ahh!". Então pensei: "Ah, acho que fiz certo". E, no fim, realmente deu tudo certo. Passei na audição. Mesmo não falando inglês, naquele período conheci vários bailarinos, entre os quais, e para a minha felicidade, a Luanda Vieira, que estava no Summer Intensive e com quem tive a oportunidade de fazer alguns passeios. Me senti muito feliz em conhecer uma brasileira logo na minha primeira viagem internacional. Luanda se tornou uma grande amiga, na época era bailarina e hoje é jornalista, e me entrevistou na edição em que fui capa da *Vogue*. Incrível ver como o mundo dá voltas e nos une sempre. Éramos as únicas brasileiras naquele curso de verão.

Com o fim do curso, voltei ao Brasil, mas fiquei pensando sobre como faria para voltar para a Dance Theatre of Harlem. Sabia que o projeto poderia me ajudar, já que meus pais não tinham condições de me manter em Nova York. No entanto, graças à minha audição, ganhei uma bolsa de estudos na companhia, o que foi uma oportunidade única. Sabe o tipo de coisa que só acontece uma vez na vida?

Chegando ao Brasil, Thereza me deu o suporte necessário para começar a organizar minha jornada de mudança, e o Dançando para Não Dançar patrocinou a viagem, me manteve lá por um ano, dando auxílio na alimentação, no transporte e afins. Quando falo sobre esse projeto, enfatizo a relevância e a transformação social que ele teve na minha vida. Não é somente sobre ter uma oportunidade, e sim o apoio após a oportunidade. Sem o Dançando para Não Dançar, talvez, por questões financeiras, eu não tivesse conseguido ir para Nova York. Sou muito grata ao projeto e à Thereza. Às vezes, tudo o que precisamos é um apoio. Isso muda a vida de uma pessoa completamente.

Nunca vou me esquecer de uma frase um tanto pesada que me foi dita por uma pessoa muito importante e que também me ajudou para que eu fosse para Nova York: "Tenho certeza de que estou gastando meu dinheiro à toa, tenho certeza de que em breve você volta para o Brasil". Esse comentário nunca saiu da minha cabeça e foi a razão também de eu ter lutado tanto, ou seja, não foi em vão! Eu venci!

Então, voltei a Nova York em janeiro de 2008. Meu primeiro ano morando nessa cidade foi difícil. Sem falar inglês, sem a minha família, meus amigos. E não era só isso, eu era uma imigrante no país dos outros. Na época, não havia internet como se tem hoje. Minha vida pessoal virou de cabeça para baixo. Meu noivado terminou em seis meses, a distância não ajudou muito. No fundo, foi a melhor coisa que aconteceu. Em relação ao balé, achei que fosse conseguir tudo "de primeira", com mais facilidade. Não me entendam mal, mas eu já dançava fazia muito tempo e sempre fui uma bailarina atenta e dedicada, sempre aprendia as coreografias, mesmo as que eu não precisava aprender, então achei que, quando chegasse, ganharia mais papéis e seria notada rapidamente. Demorou para eu alcançar esse reconhecimento. Tudo tem seu tempo, e, se tivesse sido diferente, hoje vocês não estariam lendo este livro, e eu não seria quem sou.

Após Mr. Mitchell deixar o cargo de diretor da companhia, em 2010, Virginia Johnson assumiu a direção, e ela mandou muitos bailarinos embora da companhia jovem. Ficaram somente seis, incluindo eu. Desses seis, três, eu inclusa, estavam em fase de teste para serem contratados de volta, ou seja, quase fui demitida. Passei o verão todo de 2010 fazendo aulas para mostrar à Virginia o quanto era importante para mim estar ali. Afinal, não havia vindo de tão longe para morrer na praia. Esse período de teste mexeu muito com meu psicológico, achei que fosse perder tudo.

Um dia fui parar no hospital, às duas da manhã, muito doente em função de uma crise nervosa. No dia seguinte sairíamos em turnê, na qual ela decidiria a contratação. Fui recontratada, para o meu alívio. Jamais vou esquecer essa experiência. Marcou muito a minha vida.

Há algo na dança e na vida chamado "hierarquia", e eu estava aprendendo o que era aquilo: se você chegou depois, tem que esperar sua vez. Eu, tão jovem na época, não tinha muita paciência — aliás, não tenho até hoje. Sigo aprendendo... Por essas e outras, em várias ocasiões, pensei em desistir. Já chorei muitas vezes por frustração. É supernormal na vida de um bailarino isso passar pela cabeça constantemente. Você busca aquela louca perfeição que não existe, além disso, há os papéis para os quais acha que será escalado, e não consegue. Não é uma vida fácil. Quem vê foto de Instagram em celebração, não vê todo o "corre" que acontece nos bastidores. Mas me mantive firme e não desisti.

Quando você é bailarino e entra em uma companhia de dança profissional, aprende que o balé funciona como qualquer outra profissão, com carga horária, remuneração e muitas vezes até com benefícios. Eu trabalho das dez da manhã às seis da tarde. Minha rotina é ter aula de manhã, um intervalo após o ensaio, almoço, mais ensaio e por aí vai. A cada uma hora de ensaio, temos quinze minutos de descanso. Quando viajamos, a carga horária é muito mais pesada. São dias longos até a hora da apresentação. Às vezes, chegamos ao teatro às sete da manhã. Fazemos aula, ensaiamos e nos apresentamos às oito da noite, e tudo termina por volta das onze.

Hoje, sou uma das bailarinas mais antigas na Dance Theatre of Harlem, danço lá há treze anos e, desde 2015, atuo como primeira bailarina, cuja função é representar a companhia da melhor maneira possível, ter uma técnica excelente e, na maioria das vezes, papéis de grande destaque. É o sonho de qualquer bailarina chegar a esse posto, que considero muito importante, apesar da grande responsabilidade.

New York,
New York

Jamais sonhei que fosse para Nova York dançar em uma das companhias de balé mais importantes do mundo. Quando era menina, via a cidade nos filmes e nunca imaginei que fosse morar lá. Cheguei para ficar de vez em janeiro de 2008, com um frio de rachar. Imagine que saí do calorão do Rio de Janeiro direto para o frio intenso de Nova York! Minha chegada foi bem punk. Não tinha nem um casaco decente, apenas um que minha mãe tinha comprado com muito sacrifício e que eu jurava que fosse aguentar o frio e a neve — que ingênua fui! E, mais complicado ainda, não falava inglês. Então, apenas sorria e balançava a cabeça. Nas aulas de balé, como fazia desde criança, compreendia as coordenadas dadas em francês. Mas eu tinha um sonho, e ele era maior que tudo.

A minha chegada não foi daquelas dos filmes, em um táxi amarelo ou passando pelos letreiros famosos da Times Square. Desembarquei no Aeroporto Internacional John F. Kennedy completamente impressionada com aquele monte de gente e as placas em inglês. Me senti totalmente perdida. Carregava duas malas gigantes e superpesadas — uma, aliás, era da Hello Kitty, presente da minha avó Maria Helena. Como eu amava aquela mala, demorei anos para me desfazer dela.

O caminho? Eis o início da minha aventura para chegar à Dance Theatre of Harlem. O desespero devia estar estampado no meu rosto, já que uma senhora — um anjo! — apareceu diante de mim e me orientou. Ela trabalhava na estação de trem do aeroporto e foi supersimpática, me dando dicas de onde e como utilizar o Metropolitan Transportation Authority (MTA), rede de transporte público de Nova York. Ela entrou comigo na estação Jamaica, foi até uma parte do caminho e depois me disse: "Pegue o Trem A, desça na 145th Street, caminhe até sua escola de dança, entre Broadway e Amsterdan". Assim, fui de trem do aeroporto direto até o Harlem. Juro que sem ela não teria conseguido me encontrar. Uma das coisas que ainda me chateiam é que não lhe agradeci, já que eu estava tão assustada e tinha aquele inglês precário. Por isso, quero deixar aqui registrado: muito obrigada, senhora! De coração, você me salvou!

Depois de nove horas de viagem, cheguei à Dance Theatre of Harlem "de mala e cuia", como diz o ditado. Fui bem recebida pela secretária da escola, Linda Salvaria, que me mostrou onde ficavam os armários em que eu poderia guardar minhas roupas. Me troquei e fui direto para a aula. Não faria isso hoje. Daria um pouco mais de tempo para o meu corpo e iria para a aula no dia seguinte. Porém, naquele dia, a ansiedade falou mais alto do que o cansaço.

Sem falar o idioma, sendo uma estrangeira, os primeiros seis meses foram bastante difíceis. Como havia aprendido espanhol com uma das professoras do Dançando para Não Dançar, a Heidy, me comunicava nesse idioma, o que me salvou imensamente. De certo modo, o balé me ajudou a expandir as línguas que atualmente falo: português, espanhol e inglês. Aprendi inglês ouvindo música, assistindo a filmes e me comunicando, mesmo que errado até aprender o certo. Levei apenas cerca de um ano para falar fluentemente. Na verdade, foi um processo. Comecei a fazer aulas de English as a Second Language (ESL), das dez da manhã à uma da tarde, aos fins de semana. Depois de um tempo, desisti das aulas porque estava aprendendo o básico e queria mesmo era conversar, então perdi o medo e comecei a falar mais com as pessoas à minha volta, e isso me ajudou muito.

A cultura de outro país, às vezes, consegue se apresentar de forma difícil quando não falamos a língua estrangeira. As pessoas também se mostram bem diferentes quando sabem que você não entende o idioma que elas falam. Até que eu aprendesse o inglês, muitas coisas aconteceram, dentro e fora do meu ambiente de trabalho.

Fora do meu ambiente de trabalho, as pessoas achavam que eu fosse americana, mas, quando tentava falar e eles ouviam meu acento, achavam que fosse das ilhas Trinidad y Tobago, entre outras; ninguém achava que eu fosse brasileira. Dentro do meu ambiente de trabalho, alguns bailarinos falavam mal de mim na cara dura, por ser um espaço competitivo. Apesar de ser uma situação triste e complicada, deixava que falassem, pois isso só mostrava o caráter deles. Finalmente, quando aprendi a língua, dei um susto em todos quando demonstrei que entendia o que falavam de mim. Ouvia coisas como: "Ah, ela não é muito boa!", "Ela não sabe o que está fazendo!" ou "Eu não gosto dela". Ser bailarina é uma profissão que, quanto mais coisa você conquista, mais solitária fica. Não se tem muitos amigos ou se escolhe a dedo as pessoas à sua volta. Eu sempre fui bem comunicativa, mas também seletiva com as pessoas do meu convívio, e isso veio de experiências como essas.

Nesse primeiro ano, morei em quase todos os bairros de Nova York. Passei pelo Queens, Brooklyn e por Manhattan. Nos primeiros meses, não conhecia ninguém e morei na casa da Linda, que tinha um quarto extra em sua casa e me convidou para ficar lá por um tempo. Ela morava na Classon Avenue, no Brooklyn, um bairro muito bacana. Me arrependo de não o ter explorado tanto quanto eu deveria.

Depois fui morar com uma das bailarinas da companhia naquela época, a Lúcia, em Elmhurst, no Queens. Nós dividíamos um estúdio bem pequeno, com uma sala, que era também o quarto, e um banheiro. Dormíamos em um beliche, ela embaixo e eu em cima. Eu adorava esse bairro porque era bem parecido com o Brasil e a nossa latinidade. Em seguida, morei em Upper East Side com a "vó" Nilza, brasileira amiga da minha avó paterna Maria Helena e a que chamo de "vó" ainda hoje. Vó Nilza foi e é muito importante na minha vida, ela me trouxe referência em segurança e em ter família em Nova York, talvez por ser mais velha e experiente. Adorava as comidinhas brasileiras que ela fazia para mim, e ela sempre ia assistir às minhas apresentações. Tenho um carinho enorme por ela, que sempre me apoiou. Por último, me mudei para o Harlem, mais próximo do lugar em que trabalho. Conheci meu marido em Nova York, e atualmente moramos no Harlem. Nesse bairro, adoro a gastronomia, a cultura, a arte, as pessoas, o jeito de se vestir, a liberdade de expressão, a arquitetura... Em resumo, tudo no Harlem me encanta.

Nos meus primeiros anos em Nova York, amadureci muito e me virei de várias maneiras para complementar a renda, já que só teria ajuda financeira do projeto por um ano. Ao longo desse ano, eu recebia seiscentos dólares por mês. No ano seguinte, comecei a receber um salário por fazer parte da companhia. Recebia trezentos dólares por semana, como ajuda de custo para bailarinos iniciantes. Nova York é caríssima — sempre foi, nada mudou —, e isso é muito pouco para sobreviver na cidade, somando moradia, comida, transporte e os gastos com o balé.

No Brasil, uma iniciativa bacana do Dançando para Não Dançar era a de que os alunos mais velhos virassem monitores e dessem aula para os mais novos, e foi assim que comecei a trabalhar dando aulas de balé; tive o privilégio de trabalhar com algo que amava! Acho importante mencionar que trabalho digno é aquele que paga suas contas, e, se eu tivesse que trabalhar com algo que não fosse na minha área, trabalharia sem problemas. Assim como trabalhei de babá nas horas vagas após o balé e nos fins de semana. Também trabalhei no La Pallet — meu primeiro emprego em um restaurante brasileiro de Nova York. Comecei como assistente de garçonete, ajudando a levar água aos clientes, limpar as mesas, levar os pedidos, retirar os pratos. Depois de um tempo, fui promovida a garçonete. Sempre fui muito tagarela e, como garçonete, tinha mais liberdade para aprimorar o inglês ao conversar com os clientes. Conheci grandes amigos, que considero minha família.

Uma dessas pessoas é a Flávia, ou Fla, uma das minhas melhores amigas e madrinha da Laura, minha filha. A conheci no balé, porque ela também dançava na Dance Theatre of Harlem. Quando cheguei à companhia, em 2008, ela era a única brasileira que havia. A Fla me ajudou muito na vida, traduzia tudo para mim nas aulas e me arrumou meu primeiro emprego fora da dança em Nova York, no La Pallet, onde ela também trabalhava na época.

No início, morar em Nova York foi uma experiência muito louca! Mesmo vindo do Rio de Janeiro, que é uma cidade grande, eu tinha medo de tudo naquele lugar, e sem falar inglês, ele me intimidava ainda mais. Sempre digo que Nova York é para quem tem meta. Se eu não tivesse foco com relação ao que realmente havia ido fazer, a cidade com certeza teria me engolido, pois tudo nela acontece ao mesmo tempo. Como comentei, achava que as coisas não estivessem evoluindo do jeito que eu esperava, fiquei ansiosa e pensei em desistir.

A comunicação com a minha família não era tão frequente, me comunicava como podia por meio de telefone público, que, na época, cobrava uma moeda de 25 centavos e discava para o *collect call*, em que a telefonista intervia e me conectava com a minha família.

Às vezes também utilizava a internet. Eu tinha um computador bem velho, o meu primeiro, que havia pedido para meu pai em vez de uma festa de quinze anos. Na época, nós usávamos o MSN. Frequentemente, eu dizia que estava com vontade de voltar para o Brasil, e foi em uma dessas ligações para minha mãe que desabafei:

— Alô? Mãe?

— Oi, filha! Tudo bem por aí? Que saudade!

— Mãe... acho que vou voltar mesmo praí. Eu não tô conseguindo. Tá bem difícil!

Depois de um silêncio na linha, minha mãe, com uma certeza na voz que me encorajou, disse:

— Ingrid, escuta bem: não tem nada pra você fazer aqui, seu lugar é aí! Não volte! Seja forte!

Decidi ouvir minha mãe. Mas precisava encontrar, em mim, a mesma confiança que sua voz me transmitia. Foi assim que me senti mais segura para seguir nesta jornada. Sou grata a essa ligação todos os dias. É engraçado como uma ligação pode mudar a vida de alguém e toda uma trajetória.

No decorrer daquele ano, as coisas começaram a se encaixar como eu queria, fui tendo mais oportunidades. Mr. Mitchell sempre gostou muito de mim e estava esperando o momento em que eu estivesse preparada para me dar a chance que eu tanto desejava. Não adianta apenas a gente querer, é preciso estar pronto. Somente o tempo foi me mostrando isso.

A companhia é conhecida por realizar muitas viagens, então já conheci quase todos os estados dos Estados Unidos, além de vários países. É um sonho trabalhar com o que amo e viajar pelo mundo.

Ainda me lembro da minha primeira turnê. Completamente "crua", sem saber o que fazer. A Ashley e a Flávia me davam suporte, me ensinando a arrumar as malas, escolher o que levar, que roupas usar... Aprendi muito, eu era a mais nova na companhia jovem.

Uma das turnês que mais me marcou foi a do Brasil, em 2019. Estar de volta ao meu país dançando como uma bailarina profissional era a realização de mais um sonho. Nós dançamos no Mozarteum, em Trancoso; e depois no Teatro Alfa, em São Paulo, para onde se dirigiu a minha família, do Rio de Janeiro, para participarem daquela ocasião tão especial: minha mãe, meu irmão Bruno, meu pai, minha avó e meu irmão por parte de pai. Minha avó nunca tinha andado de avião, e eu pude dar esse presente para ela. Havia combinado tudo com meu irmão, ele era o responsável pelo grupo. No dia da estreia em São Paulo, lá estavam eles, na plateia, me assistindo pela primeira vez como profissional depois de dez anos. Nunca vou me esquecer daquele abraço em família que demos no fim da primeira apresentação. Foi lindo! Todos muito emocionados, foi um chororô inesquecível e especial.

Em todos os dias de apresentação em São Paulo, havia uma fila enorme na porta de saída do palco, tanto de pessoas que admiram meu trabalho quanto de conhecidos. Havia pessoas que nem conhecia e outras com quem tive contato nas redes sociais e que tinham ido me ver dançar. Sempre que terminava uma apresentação, dava abraços, tirava foto com cada um e agradecia pelo carinho. Fiz questão disso, era muito importante para mim que todos tivessem contato direto comigo porque é tão maravilhoso ver seu trabalho reconhecido pelo público! É uma das memórias que levarei para a vida.

Espero voltar ao Brasil no futuro, montar meu próprio espetáculo e ter no palco bailarinos que reflitam a diversidade que existe no mundo.

Racismo

Ao longo da minha trajetória como mulher negra, vivenciei diversas situações de discriminação — no balé, por exemplo, muitas vezes recebia olhares atravessados. Comecei a perceber os primeiros episódios de racismo quando estava na escola. Estudei em um colégio perto da minha casa, chamado Fernandes Bittencourt, em Triagem, zona norte do Rio de Janeiro. Em geral, as pessoas faziam piada por causa do meu cabelo crespo e do meu corpo (me chamavam de "tanajura" porque eu era bem magrinha e tinha uma bundinha arrebitada). Além disso, havia racismo com as pessoas negras, frequentemente chamadas de "macacas". Isso sempre foi algo que me irritava muito. Se você que está lendo este livro é negra ou negro, é quase certo que também já tenha passado por isso várias vezes.

Por incrível que pareça, essas experiências não mexeram muito comigo. Não me traumatizaram, pois as verbalizava com a minha mãe. Ela me orientava a procurar a professora e conversar sobre esses acontecimentos para exigir que meus colegas não me tratassem daquela maneira, e sim com respeito. Aprendi a me impor às pessoas, a dizer que não iam me chamar como quisessem e que eu tinha nome. Nunca levei desaforo para casa e agradeço por ser assim até hoje, por não internalizar coisas que me fazem mal.

Graças ao apoio da minha mãe e, no geral, à educação recebida pelos meus pais, tanto eu como meu irmão sempre soubemos que haveria preconceito, que ele caminharia ao nosso lado, mas nunca nos deixamos abater. Mas, claro, para muitas pessoas situações de racismo podem ser marcantes e assombrar pelo resto da vida, causando sofrimento o suficiente para precisar de terapia, além de outras consequências. Afinal, isso também é um bullying, que é a porta de entrada para diversos problemas emocionais, afetivos, sociais... Hoje, quando leio notícias ou quando alguma menina que sofre preconceito racial conversa comigo sobre o assunto, me preocupo e me simpatizo porque eu já vivi isso; em algumas ocasiões, ainda vivo.

Penso que, com tanta informação disponível atualmente sobre racismo, seja inaceitável pessoas que, tendo atitudes racistas, se justifiquem por meio de argumentos como "Foi sem querer!", "Ah, foi brincadeira!" ou "Não falei por maldade!" e por aí vai. Mil e uma desculpas esfarrapadas e justificativas descabidas para atos que já não deveriam acontecer. Com tanto acesso à informação, ser ignorante é opcional. Em que tipo de mundo estamos vivendo? Com certeza, em um mundo ainda sem respeito ao próximo, infelizmente.

Um estudo apresentado em 2019 sobre a saúde mental de crianças e adolescentes traz dados alarmantes: uma entre cada cinco pessoas de doze a quinze anos que sofrem bullying pensa em suicídio.[2] A mesma pesquisa apontou, ainda, que diversos outros problemas sérios são resultados de situações de bullying, como a ansiedade, a insônia e a vontade de abandonar a escola.

---

[2] "Bullying: 1 em cada 5 crianças pensa em suicídio depois da agressão: novo estudo mostra também que 78% das vítimas sofrem com problemas de ansiedade, enquanto 56% perdem noites de sono". *Veja*. 2 set. 2019. Disponível em: <https://veja.abril.com.br/saude/alerta-1-em-cada-5-criancas-pensa-em-suicidio-por-causa-do-bullying/>. Acesso em: 6 jul. 2021.

Por motivos como esses, defendo fortemente que a educação familiar é fundamental no combate ao racismo. Crianças são como uma esponja, absorvem tudo. Logo, os pais devem ser o melhor espelho para seus filhos; o exemplo vem de dentro de casa. Se o pai ou a mãe se comportam de modo preconceituoso, fazem piadas ofensivas, a criança reproduz essas atitudes, achando que é correto agir assim. E isso é inaceitável.

Acredito que se meus colegas da escola tivessem recebido uma educação familiar adequada, tratariam melhor as pessoas negras no ambiente escolar e na vida.

Felizmente, algumas medidas recentes implantadas no Brasil têm buscado a valorização dos negros, como a lei nº 10.639, de 2003, que torna obrigatório o ensino da história da cultura afro-brasileira e africana nas escolas. No entanto, ainda é preciso avançar, já que se vê pouco essa prática nas escolas. Além do auxílio no combate ao racismo, é muito importante que a história afro-brasileira seja ensinada nas escolas para que a população negra se identifique, se reconheça e se empodere.

O Brasil é um país enorme e com uma mistura de culturas e de povos que vieram de muitos lugares diferentes, mas é preciso que as crianças negras cresçam reconhecendo sua identidade, e a história do povo negro é muito mal contada. Nas aulas, quando aprendemos sobre a história afro-brasileira, ela surge embranquecida, ou seja, como parte de uma visão colonial e europeia. A história real do povo negro no Brasil e no mundo precisa ser apresentada corretamente. Digo, a história real mesmo! Não apenas sobre a escravidão, e sim a respeito das riquezas, dos castelos, da cultura e de muito mais. Nós, negros, também temos histórias riquíssimas para contar.

Essa invisibilidade pode ser notada, por exemplo, no silenciamento de vozes importantes na história da mulher negra no

Brasil. Como a de Beatriz Nascimento, que foi uma historiadora, poeta, ativista, acadêmica, roteirista e professora negra. Ela se dedicou a compreender a dinâmica dos quilombos brasileiros e de outros espaços de presença da população negra. Sua trajetória é contada no documentário *Ôrí*, dirigido por Raquel Gerber, do qual é narradora e que recomendo fortemente, pois é uma produção incrível! Como pessoas negras com tanta bagagem e contribuição podem ser apagadas da história nacional? Corrigir essa invisibilidade extrema é urgente.

Falando em educação, sabemos que boa parte da população negra é privada de um ensino de qualidade. Essa exclusão escolar também é uma prática de discriminação, de um racismo estrutural. Basta observar a triste situação da educação no Brasil, em que, de acordo com Alexsandro Santos: "As chances de permanecer matriculado na escola e progredir, na idade certa, para concluir a educação básica são radicalmente desiguais para crianças brancas e negras".[3]

Meu irmão Bruno e eu tivemos a sorte de ter um pai e uma mãe que batalharam para que tivéssemos nossos estudos em um colégio particular, já que, infelizmente, em sua maioria, fornecem um ensino melhor que na rede pública. Tive o privilégio de, em boa parte da minha trajetória escolar, estudar na rede particular, e é estranho observar a reação das pessoas quando conto isso. Talvez porque a maioria das pessoas negras no Brasil não tenha essa oportunidade.

Quando fui para o segundo ano do ensino médio, quis ter acesso ao ensino público para saber como era. "Mãe, quero estudar no

---

[3] SANTOS, Alexsandro. "A cor do sucesso escolar e o papel da gestão educacional na agenda antirracista". *Nexo Políticas Públicas*. 20 nov. 2020. Disponível em: <https://pp.nexojornal.com.br/opiniao/2020/A-cor-do-sucesso-escolar-e-o-papel-da-gest%C3%A3o-educacional-na-agenda-antirracista>. Acesso em: 6 jul. 2021.

CIEP da Vila Olímpica da Mangueira", disse. Era uma escola muito boa no bairro, talvez uma das melhores escolas públicas da região. Além disso, ficava próximo de onde eu fazia balé. Para mim, foi uma mudança drástica de pessoas e de metodologia de ensino. Em resumo, foi uma boa experiência. No entanto, é importante destacar que se trata de um caso isolado, uma exceção, pois sabemos que nem todas as escolas públicas são assim. Por exemplo, tive professores bons, que, em função de problemas com o governo, tiveram de fazer greves para reivindicar seus direitos por melhores condições de trabalho. Uma luta que presenciamos ainda hoje.

Prestei o vestibular para o curso de dança na UniverCidade, na Lagoa, onde havia o curso de dança que eu gostaria de fazer. O projeto Dançando para Não Dançar tinha um convênio com essa faculdade, que nos oferecia uma bolsa de 50% de desconto. A outra parte da mensalidade eu pagava com o dinheiro que recebia com as aulas dadas para crianças, como monitora do projeto. Defendo que educação é poder, é o que ajuda e guia uma pessoa na vida. E quem não teve acesso a essa oportunidade? Fica sem base, sem estrutura. Estudar no Brasil deveria ser acessível a todos.

Outro ponto que merece atenção é que, além de nós, negros, sofrermos racismo, ainda "temos" que conscientizar a humanidade sobre como não cometer atos racistas. No entanto, não cabe apenas a nós conscientizar amigos e pessoas próximas a respeito disso. Para que o mundo se torne um lugar melhor, mais diverso e inclusivo, é necessário que todos façam sua parte, que se eduquem. As pessoas em geral devem ser empáticas com os indivíduos negros e buscar informação por conta própria. Sinceramente, estou farta de falar e vivenciar os tópicos tratados neste capítulo, mas sei que é necessário ter esse diálogo, afinal, é dever de TODOS acabar com o racismo!

Ah, outra coisa que me intriga é o racismo reverso, ou seja, quando alguém afirma ter sofrido racismo por ser branco. Quem inventou isso? Isso não existe, em hipótese alguma! Como diz Djamila Ribeiro: "Para haver racismo reverso, deveria ter existido navios branqueiros, escravização por mais de trezentos anos da população branca e negação de direitos a essa população".[4] Parece ser simplesmente um reflexo do outro que não se vê "incluso", quando o negro é quem de fato vive a discriminação na pele.

E como falta empatia... Finalizo este livro no meio de 2021, com minha filha nos braços e com ecos de um conturbado 2020 que jamais vão sumir de minha vida; já que 2020 foi o ano em que George Floyd[5] foi assassinado por um policial. Foi o ano em que marchei, diversas vezes, em protesto pelas vidas negras. No último protesto, saí do Harlem, onde moro, até o Central Park. Por mais que eu sentisse o poder daquela caminhada, por mais que sentisse a ânsia por igualdade, é revoltante pensar que ainda precisamos ir às ruas pedir direitos iguais. E isso no meio de uma pandemia. Diversas vezes disseram que eu estava me arriscando por participar de algumas marchas, grávida, no meio da pandemia. E eu vou deixar registrado, neste livro, o que respondia a todos: "Eu preciso tentar mudar essa realidade. Habitando

[4] RIBEIRO, Djamila. "Falar em racismo reverso é como acreditar em unicórnios". *Portal Geledés*. 6 nov. 2014. Disponível em: <https://www.geledes.org.br/falar-em-racismo-reverso-e-como-acreditar-em-unicornios/?gclid=Cj0KCQiA34OB BhCcARIsAG32uvMAcsk9i2q61zdOUn0C2y_E-CgTsD7qiUjZqMzdMV3cn W18BIV84isaAlCGEALw_wcB>. Acesso em: 6 jul. 2021.

[5] BBC "Caso George Floyd: morte de homem negro filmado com policial branco com joelhos em seu pescoço causa indignação nos EUA". *G1*. 27 maio 2020. Disponível em: <https://g1.globo.com/mundo/noticia/2020/05/27/caso-george-floyd-morte-de-homem-negro-filmado-com-policial-branco-com-joelhos-em-seu-pescoco-causa-indignacao-nos-eua.ghtml>. Acesso em: 6 jul. 2021.

em um corpo negro, ou eu morro de covid-19 ou eu morro por ser uma mulher negra". Realidade cruel! Me perguntam também: "Na prática, o que podemos fazer para mudar esse sistema?". E eu respondo:

■ Aos donos de empresas: invistam na diversidade, contratem funcionários negros. É importante oferecer treinamentos na empresa para combater os estereótipos, pois, ainda hoje, existem pessoas que acreditam que uma pessoa é de determinado jeito apenas pela cor da pele, gênero etc., sem ao menos conversar com ela. E estou falando também de cargos importantes. É preciso, sim, dar oportunidades para que muitos negros qualificados ocupem esses espaços.

■ Consumidores: nós temos o poder — sim, o poder! — de parar de comprar produtos de marcas que não apoiam a comunidade negra, a inclusão e a diversidade. As marcas precisam assumir seu papel, e não fazer somente campanhas com pessoas negras para aparecer em determinadas datas do ano.

■ Se você é branco, indique amigos negros para vagas das quais são capacitados. Olhe ao seu redor no trabalho e entenda quantos são negros e em que função estão trabalhando. Faça este exercício: a empresa em que você trabalha tem diversidade? Se não, indique pessoas, faça o que estiver ao seu alcance para transformar isso.

■ Pais e mães: por favor, pratiquem o não julgamento. Deixem claro que é horrível quando se julga um colega pelo tom da pele. Lembrando que você é o maior exemplo para o seu filho.

- Professores e donos de escolas: pratiquem a educação inclusiva para ter mais diversidade nas escolas. Educadores, ao ensinar a história brasileira, deixem claro que os negros não nasceram escravos: eles foram escravizados. Expliquem que os negros foram tirados à força de suas terras para serem escravizados. Mas contem também sobre o outro lado, sobre o outro "universo" que existia, de reis e rainhas negros, e de personagens negros importantes. Nossa história tem que ser resgatada imediatamente.

- Você, leitora ou leitor deste livro, leia mais, assista a palestras e documentários sobre o assunto. Se informe. A informação é uma arma poderosa contra a ignorância.

O poder
do meu cabelo

COMO MENCIONEI, DEVIDO AO SUPORTE DA MINHA MÃE, me tornei uma mulher forte e determinada. Sempre fui muito bem resolvida. Minha mãe sempre dizia para mim e para o Bruno: "Quando saírem, saiam sempre bem-arrumados, representando a si próprios da melhor maneira possível". Tenho certeza de que essa frase também faz parte do racismo estrutural, sem nem ter ideia disso, minha mãe sempre nos falava essa frase. O porquê eu não sabia, porém atualmente reflito muito sobre isso. Você que é negro deve ter ouvido isso da sua mãe também. Mas aposto que você que é branco nem tanto.

Sabemos que não são todas as crianças negras que têm esse suporte e são bem resolvidas. Muitas, infelizmente, se fecham para o mundo, aguentam caladas o preconceito que sofrem, o que resulta em vários problemas como a autoestima baixa. Não raro, nós, professores de balé, durante as aulas, ouvimos de algumas crianças que elas não gostam da cor de sua pele, que não gostam de ser negras. Ouvir isso é triste demais. Rejeitam sua origem por não se identificarem com ela. Isso me dói muito porque, no fundo, sei que se elas tivessem referências isso poderia ter ajudado a construir a sua identidade e a de muitas outras crianças.

Hoje, vemos mulheres negras maravilhosas nas capas de revista, mas antigamente não era assim. Eu mesma fui capa da *Vogue*, uma publicação ícone da moda, em novembro de 2020, grávida, com meu cabelo natural. Recentemente, também fui capa da

Claudia, amamentando a minha filha Laura. Que potência! Essas duas capas dizem tanto em vários sentidos! Em muitas revistas havia mulheres que representavam algo que não era eu — e que nem queria ser. Meu sonho era ver uma mulher maravilhosa parecida comigo nessas capas. A ausência dessa representatividade, de modo geral, fez muita falta para me ajudar a compreender o espaço que meu corpo negro ocupava.

Foi na primeira série que comecei a ter contato com outras crianças de fora da minha bolha, das amizades do bairro. Como toda criança em uma turma nova, eu precisava de algum modo me encaixar. Naquela luta — interna e externa — de ser aceita, de ser da turma. Para a minha surpresa, foi a primeira vez que me falaram que o meu cabelo era "diferente".

O fato é que meu cabelo nunca havia experimentado a natureza dele próprio. Minha mãe costumava usar permanente em mim e fazia isso por ser "normal". Acho que ela nunca havia imaginado que passar produtos assim fosse algo errado — até porque não era; afinal, ela estava simplesmente cuidando de mim, e eu entendo. Mais uma vez, a ausência de referências negras fez muita falta na vida dela também. Minha mãe, filha de índia com negro, nasceu com uma textura de cabelo diferente da minha. Eram lindos os seus cabelos, me lembro deles quando era pequena, ondulados e com um brilho. Depois de alguns anos, recordo que ela usava o cabelo liso, já passava o famoso henê ou, às vezes, o permanente. Para uma mulher negra que nunca teve oportunidade de conhecer seu cabelo de verdade, foi difícil para ela entender sua própria essência.

Quando cheguei a Nova York, percebi que grande parte das mulheres negras alisava o cabelo ou usava perucas, mais conhecidas como *laces*. Comigo não foi diferente. Minha amiga Ashley, que dançava comigo na Dance Theatre of Harlem, alisava o cabelo todo mês. Como eu estava em um país diferente, com produtos diferentes, não sabia o que fazer com meu cabelo, que estava perdendo o efeito do permanente, Ashley me aconselhou a fazer o mesmo que ela fazia, ou seja, alisar os cabelos, e eu fiz. Assim, eu gastava cem dólares todo o mês para alisar o cabelo. Ia à casa da Danielle, que também dançava na companhia e era cabeleireira, e ela fazia todo o procedimento nas minhas madeixas. O efeito durava pouco, somente um mês, já que a raiz sempre crescia. Depois de um tempo, começou a ficar pesado fazer isso. Primeiro pesou no bolso, uma vez que eu poderia usar o dinheiro para outras coisas, e depois pesou na consciência quando entendi que, na verdade, nunca teve nada de errado com meu cabelo.

Certa vez, conversando com meu marido sobre meu cabelo, ele me perguntou: "Por que você não usa seu cabelo natural?". Comecei a pensar a respeito, e foi aí que iniciei o processo de transição, quando você para de colocar química no cabelo e o deixa somente em seu estado natural. É um processo tenso, porque o cabelo fica meio liso, meio natural, e demora um pouco para que tudo se ajuste, ou seja, que a transição da raiz para as pontas seja completa. Foram momentos difíceis, meses e meses nesse processo, em que me senti feia, confesso, mas não desisti e segui em frente. Pouco tempo depois, tomei coragem e fiz o *big chop* no dia 19 de maio de 2012, no salão Miss Jessie's, que fica no SoHo, em Nova York. Lembro que cheguei supernervosa e nem conseguia imaginar como sairia, mas fui de cabeça erguida, acompanhada do meu marido, que foi para me dar uma força. Fiquei muito feliz de ele ter sido meu primeiro incentivador e ter visto essa beleza em mim.

O processo durou, ao todo, cinco horas, e, acredite, ele ficou ao meu lado esse tempo todo, acompanhando cada passo. Nesse dia, fiz o corte, uma massagem capilar e um *twist*, um tratamento de definição para o cabelo afro. Quando tudo terminou e me olhei no espelho, foi como se outra mulher estivesse ali. Fiquei totalmente sem reação. Aliás, reagi, sim: amei! Foi o momento mais especial da minha vida, como se eu estivesse renascendo. A transição capilar foi me dando cada vez mais força. Afinal, fui me sentindo linda. Quando minha mãe viu meu cabelo natural, não entendeu por que havia feito tudo aquilo. Tivemos uma conversa em que eu fiquei bem chateada com a maneira pela qual ela falou comigo. De início, disse:

— Que cabelo é esse, Ingrid? Por que você mudou?

— Porque eu sou esta pessoa aqui e eu me amo assim — respondi.

Ela claramente não entendeu, disse que estava feio e questionou. Então, expliquei que não queria mais ter cabelos lisos, que já não me sentia mais confortável em viver um padrão que não era o meu, e para quê? Eu estava morando em Nova York, onde tive pela primeira vez a liberdade de ser quem eu sempre quis ser, além de ter o cabelo que eu quisesse sem medo e sem vergonha. Acho que essa conversa abriu a mente dela que, enfim, mudou seu pensamento. Aí, adivinhe quem fez a transição? Ela própria! Acabei lhe transmitindo a confiança para que fizesse o mesmo. E, olha, ficou linda!

Essa conversa com a minha mãe me mostrou cada vez mais como nós, negros brasileiros, não sabemos muito sobre o poder da nossa beleza. Após minha transição e a dela, eu fiquei me achando!

De alguma forma, sinto que nos Estados Unidos me senti mais à vontade para fazer essa mudança e descobrir mais sobre a minha identidade. Neste país, entre os negros, não há outras categorias, como a de pardos, que existem no Brasil para desestabilizar a população afrodescendente. Dessa forma, não importa se você é negro de pele clara ou de pele escura, você é negro.

Óbvio que o colorismo, infelizmente, habita todas as esferas da negritude ao estabelecer que a pessoa negra mais clara ou com traços "brancos" é mais aceitável que a pessoa negra de pele retinta. É uma realidade óbvia e cruel a do colorismo, que acaba subdividindo a comunidade negra. A diferença no Brasil é que temos muitas misturas, e compreender a importância da história do colorismo também é uma questão de identidade. Eu não vejo diferença entre um negro retinto e outro mais claro, eles são negros independentemente da sua tonalidade, mas não é assim que o mundo nos vê.

Além disso, entendo esses questionamentos graças a uma visão mais "afro-americanizada" que tive — até porque essa é a realidade que vivo há mais de treze anos. Quando estive no Brasil, em fevereiro de 2021, tive uma conversa na sala do Zé Macedo com Eliabe Freitas, Luiza Brasil, Bruno Silva e Alberto Pereira. Aprendi bastante sobre a visão brasileira acerca da valorização da ancestralidade, de como você trata sua comunidade e a representa. Falamos também sobre colorismo e como ele afeta a comunidade negra em diversas áreas. Mas, hoje, na sociedade brasileira, parece que as coisas estão mudando. Há mais pessoas negras assumindo seu cabelo afro, o que é muito legal e inspirador. Acredito que, por estar havendo mais referências nos círculos sociais ou mesmo que seja por moda, o importante é se assumir e se amar por completo.

Desde que o clássico é clássico, o cabelo da bailarina precisa estar superesticado, com coque preso na redinha e nenhum fio para fora, algo impecável. Por muitos anos, fiz isso e até hoje faço, com a diferença de que alisava meu cabelo até que encontrei uma companhia como a Dance Theatre of Harlem. Claro que muitos ainda acham que ter o cabelo natural e fazer um coque afro não fica bem em uma bailarina. Mas não existe nenhuma regra que estabeleça isso, não é? É apenas a velha história do padrão. Afinal, mostrei que era possível ser bailarina clássica com *black power* (meu cabelo natural) e virei referência no assunto. Me tornei, por exemplo, a primeira bailarina negra brasileira a ser capa da *Pointe Magazine*, em junho de 2017. Imagine uma mulher negra brasileira na capa de uma das revistas de dança mais respeitadas do mundo e, mais, com o cabelo solto e natural, quebrando todas as barreiras clássicas possíveis!

Ano passado (2020) realizei mais uma transição capilar, novamente cortei o cabelo bem curtinho, no dia 6 de junho. Pensava que, quando tivesse uma filha, iria raspar a cabeça. Não sei, algo que me fascinava como uma ideia de estar renascendo. Em função do balé, minha rotina é usar coques e penteados nas apresentações, o que me impossibilitava de ter diferentes estilos de cabelo, como colorido e trançado, exceto durante o período de férias. Assim, aproveitei essa fase da maternidade, tomei coragem e cortei o cabelo.

Quando cheguei ao salão, queria raspar tudo, e a cabeleireira me aconselhou: "Se você não gostar, não terá volta. Então, comece aos poucos!". Me sentei na cadeira, decidida a mudar e vivenciar uma nova experiência. A cabeleireira, tão querida e bem recomendada por uma amiga, conduziu a conversa de forma leve por ver que eu estava nervosa. Ela usou o secador para dar bastante volume ao meu cabelo e iniciou o corte com a máquina, não com a tesoura, o que achei curioso. Vi meu cabelo caindo diante dos meus olhos. Ela usava a máquina como se meu cabelo fosse um tapete, foi genial ver como ela cortava. Após o corte, lavei o cabelo, fiz massagem capilar e logo veio o *styling*. Foi a melhor coisa que eu fiz.

Era um sonho antigo cortar o cabelo daquele jeito, e eu o realizei. Saí do salão me sentindo uma nova mulher, foi muito bom! Minha avó Helena sempre foi, para mim, referência de mulher negra com cabelo curto, e quando cortei o cabelo a vi em mim. Senti como se eu tivesse feito uma homenagem a ela e novamente me reencontrado.

Tentei, alguns anos atrás, usar *faux locs,* ou dreads sintéticos, e tive uma experiência ruim. Meu cabelo, que estava enorme, quebrou bastante no momento da retirada, e fiquei muito triste. Prometi a mim mesma que não faria mais nada dessas coisas, apenas o deixaria natural, sem qualquer *protective styles* — como são chamados os diversos estilos de tranças nos Estados Unidos, geralmente feitos para preservar o cabelo natural.

Porém, em janeiro deste ano, dei mais uma chance para os *protective styles*, e resolvi usar tranças pela primeira vez. Fiz uma longa pesquisa até encontrar a pessoa certa para trançar meu cabelo. Já seguia a trancista @braided_ no Instagram. Ela tinha uma vasta experiência e já tinha trançado até o cabelo da Beyoncé e de sua filha, Blue. Pensei que tinha tudo para dar certo. Fui ao seu salão no Brooklyn, fiz as *box braids*, que levaram cerca de três horas para ficarem prontas, e amei! Me redescobri e curti muito. As tranças me trouxeram um outro eu, e amo ser essa metamorfose ambulante.

Aprendi muito com a transição capilar, o meu cabelo afro me empoderou. E espero que este depoimento empodere também a leitora ou o leitor. Não ligue para o que os outros falam, o que importa é você se sentir confortável e linda ou lindo. Sua aparência é parte da sua identidade.

Siga sua jornada e se ame.

Sim, eu posso — e sempre tenho que me lembrar disso

QUANDO FAÇO UMA RETROSPECTIVA de como cheguei até aqui, fico sem palavras. Me emociono sempre. Como poderia imaginar que eu estaria dançando em uma companhia de balé profissional nos Estados Unidos? É muito gratificante perceber como a arte transformou a minha vida. O balé é uma arte extremamente elitista, em que há pouca diversidade. A ausência de representatividade nos traz o sentimento de que não pertencemos a esse meio, de que não fazemos parte dele, especialmente sendo uma pessoa negra.

Na maioria das vezes, quando um professor de balé se depara com uma criança negra que deseja ser bailarina clássica, logo fala: "Você não quer fazer aula de dança contemporânea, jazz, hip--hop?". Eles nunca veem o negro sendo bailarino clássico. Com essa pergunta, destrói-se todo um sonho. Imagine questionar o sonho alheio ou simplesmente dizer que você não serve para algo sem nem te deixar tentar? Muitos deixam de seguir seus sonhos, mas outros insistem. Infelizmente, já ouvi vários relatos de meninas negras que vivenciaram isso. Graças a Deus, nunca tive alguém que agisse assim comigo. Não tenho nada contra a dança contemporânea, mas meu sonho e o dessas garotas era o de ser bailarina clássica e… por que não poderíamos?

Apenas muito tempo depois, tive contato com a história de bailarinas negras importantes no mundo, como Janet Collins, a primeira bailarina negra dos Estados Unidos a integrar a

Metropolitan Opera, nos anos 1950; e Lauren Anderson, pioneira negra e primeira bailarina do Houston Ballet, em 1990. Virginia Johnson foi a primeira Creole Giselle em 1984, na Dance Theatre of Harlem. No Brasil, Consuelo Rios tornou-se uma das melhores professoras de balé clássico que o país já teve; e Mercedes Baptista foi a primeira bailarina negra brasileira a integrar o corpo de baile do Teatro Municipal do Rio de Janeiro, em 1948.

Essa sensação de não pertencimento não é exclusividade da minha geração, existia também nas gerações anteriores. Assim, é raro ver histórias de sucesso como a minha e a de outras pessoas negras no balé. No entanto, finalmente, parece que a geração atual — apesar do longo caminho que resta pela frente com relação à inclusão e à diversidade — já consegue se ver um pouco mais representada nos palcos. Com esse intuito, eu, Fábio Mariano e Ruan Galdino criamos o @blacksinballet para dar mais destaque e apresentar dados históricos de bailarinos negros. Esse projeto, tão importante, é um meio para que possamos divulgar as conquistas e os grandes talentos. Espero que, no futuro, ações como essa sejam mais frequentes.

Lembro que, no início, vivia questionando minha mãe sobre isso:

— Mas, mãe, eu não vejo ninguém parecido comigo!

— Minha filha, você pode ser bailarina, sim! Se não há ninguém parecido com você, não significa que não possa ser bailarina — ela me incentivava.

Sabe aquela pessoa na sua vida que acredita em você sempre, não importa a circunstância? Se você tem alguém assim na vida, agradeça! Eu tenho, é a minha mãe, que sempre soube do meu potencial e me apoiou totalmente. Por meio do suporte da minha mãe, comecei a perceber que sempre estive cercada de pessoas que acreditavam em mim — mesmo eu não acreditando.

Ainda pequena, nas aulas de balé do projeto Dançando para Não Dançar, me lembro de participar de diversos ensaios, com a oportunidade de algumas vezes estar posicionada na frente e receber papéis de destaque.

Em uma dessas vezes, houve uma grande apresentação na Vila Olímpica da Mangueira. Minha família, claro, estava na plateia. Pouco antes de entrar no palco, chamei a Marcele, que se apresentaria comigo, mas não em uma posição de destaque:

— Marcele, troca de lugar comigo?

Claro que ela não hesitou e trocou!

O sonho de toda bailarina é estar na frente e ter papéis de destaque para que todos possam ver sua técnica e sua dedicação. Isso traz prestígio ao longo da carreira.

Mas eu não pensava assim. Ao contrário de hoje, quando criança eu era muito tímida e acho que era muito nova para compreender. Porém, nesse dia, como havia ensaiado e havia me dedicado para aquela apresentação, minha mãe aguardava que eu estivesse naquele papel de destaque na frente. No fim da dança, então, ela me chamou e perguntou o que tinha acontecido, pois eu estava atrás.

— Eu troquei de lugar com a Marcele — disse.

— Mas por quê? — questionou ela. — Você está jogando fora a oportunidade que conquistou, com seu esforço, de estar em um lugar de destaque.

Foi a primeira vez que pensei no que havia feito. Percebi que a minha timidez estava atrapalhando meu trabalho e influenciando nas minhas escolhas. Outro momento que me deu um "choque de realidade" foi quando cheguei em casa, chorando, dizendo que as coisas não tinham sido do jeito que eu queria na aula de dança. Lembro até hoje do que meu pai me disse:

— Se está chorando tanto, por que não sai do balé? Não gosto de te ver assim!

Aquelas palavras foram duras para mim, porém necessárias, porque me fizeram refletir, e percebi o quanto eu amava o balé e o quanto viver sem dançar me faria uma pessoa infeliz.

Outra lembrança fundamental na minha vida e na dança é a professora Edy Diegues. Eu a conheci quando entrei na Escola Estadual de Dança Maria Olenewa. Tinha doze anos quando fiz a audição. Entrei no nível preliminar da escola e conheci a Edy no primeiro médio. Ela era professora havia anos e tinha dançado no Teatro Municipal. Teve uma carreira linda. Era uma professora carinhosa, porém bem exigente.

Em suas aulas, ela sempre me posicionava na frente e me incentivava. Engraçado, ela sabia que eu gostava de me "esconder". Com doze anos, foi ela quem despertou meu lado profissional, após muitas conversas:

— Você tem talento, mas não vê a dança como carreira. Sabe por quê? Você não acredita em si mesma.

Ela estava certa. Me questionava muito sobre não ser boa o suficiente. Além disso, como disse anteriormente, não via ninguém parecido comigo nas grandes companhias de dança no Brasil, isto é, uma bailarina negra profissional que dançasse na sapatilha de ponta. Então, como achar que eu poderia ter um trabalho em uma companhia de balé profissional?

Ainda hoje sou muito exigente comigo mesma! Minha exigência atinge níveis exorbitantes, mas me fez chegar aonde cheguei. Desde pequena, em casa, o lema sempre foi este: "Você terá que fazer sempre seu melhor".

Mesmo fazendo o meu melhor, às vezes eu não achava que era boa o suficiente. Será esta a síndrome do impostor? Pois é, acho que sim! Ela me perseguiu por muito tempo e se manteve comigo em Nova York durante certo período.

Também em Nova York, tive a sorte de ter por perto pessoas que acreditaram em mim, como Mr. Mitchell, que enxergou algo maior naquela menina que mal falava inglês, mas que era cheia de talento e precisava ser polida. Eu cheguei bem crua na companhia, e ele sempre viu potencial em mim.

Enquanto eu, aos dezoito anos, continuava a ter dúvidas a meu respeito e me posicionava atrás nos ensaios, ele pedia: "Vem para frente, Ingrid". E, somando ao que minha mãe, a professora Edy e Mr. Mitchell me disseram, percebi que eu não podia me esconder, e nem deveria. Comecei a me despir do medo, da vergonha. Tinha que acreditar em mim. Me desafiava na dança, me desafiava no inglês — falava tudo errado, mas falava. Comecei a tirar as amarras que me envolviam.

Outra experiência que guardo com carinho e que me provou meu potencial foi minha participação no filme *Maré, nossa história de amor* entre o fim de 2007 e o início de 2008. Me lembro bem da audição, pois, como seria um musical, haveria bailarinos, dançarinos... O elenco era muito diverso, e vários estilos de dança seriam contemplados, incluindo o balé. Durante as gravações do filme, fiz muitas amizades, algumas que levarei para a vida, como a da Juliana Castro (que hoje é madrinha de minha filha, Laura). O filme é inspirado na história de *Romeu & Julieta*, se passa numa comunidade e conta com atores maravilhosos, como Babu Santana, Marisa Orth, entre outros.

O ponto é que nem sempre foi fácil. Nem sempre temos dias bons. O balé pode ser muito cruel: o bailarino trabalha em frente ao espelho, olhando-se o dia todo durante o trabalho, procurando atingir uma "perfeição". Em um dia, ele é muito bom; no outro, é péssimo. O bailarino, quando erra algo, dependendo de quem é e como pensa, se culpa e não consegue se perdoar. E, como contei, não pego leve comigo mesma.

Não gosto de assistir a meus vídeos, por exemplo. Durante a pandemia, tentei mudar um pouco isso. Por ter mais tempo, peguei meu iPhone e comecei a rever uma coisa ou outra que fiz e me permiti pensar comigo mesma: "Uau, você é boa!". Realmente, me surpreendi! Às vezes, a gente trabalha tanto e não se vê tão boa quanto deveria.

Em muitos momentos da minha vida, vi que oportunidades existem; às vezes, um simples gesto de uma pessoa pode transformar a vida de outra.

Minha autocrítica é tão pesada que preciso tomar cuidado para não me sabotar. Muitas vezes, na primeira dificuldade que tenho no balé, me frustro muito e acho que não vou conseguir. Nessas situações, aprendo muito com outra pessoa fundamental na minha carreira, a Bethânia Gomes, que me diz frequentemente: "Tudo tem que ser desafiador, não dá para ficar na zona de conforto. No balé, não podemos ter medo de crítica, medo de fazer errado, entre outros medos". Tem que ter coragem, e eu tenho! Mas quem é bailarino e está lendo este livro entende o que quero dizer.

Hoje, acredito muito mais no meu potencial — em alguns dias mais, em outros, menos —, porém o mais importante é que sei que sou minha maior aliada; e toda vez que minha autossabotagem aparece, preciso me chamar à realidade. Sim, eu posso e vou conseguir — ainda que sempre tenha que me lembrar disso.

A dança e seus caminhos na minha vida

Para me lembrar de que eu posso, além de todas as coisas que a dança tem me proporcionado, não esqueço, jamais, seu poder de transformação na minha vida e os lugares aonde tem me levado.

Sempre me surpreendo e vou deixar registradas algumas coisas nesta linha do tempo:

■ 2016

Me tornei embaixadora da marca Activia. A campanha foi um curta, internacionalmente elogiado, sobre a minha vida. O filme *Journey to Your Dream* recebeu um Leão de Prata em Cannes e continua ganhando diversos outros prêmios internacionais. Esse foi meu primeiro prêmio em Cannes, eu nem acreditei. Infelizmente, não pude ir, mas é meu sonho um dia estar nesse festival pessoalmente. Não poderia me esquecer de contar também que, no dia 21 de dezembro de 2016, fui uma das escolhidas na companhia para dançar em uma festa de Natal privada em Detroit. Como posso começar a falar sobre o que aconteceu? Levei alguns segundos para perceber que era real! Tive a oportunidade de dançar para a rainha da soul music, Aretha Franklin! Ela mesma! Nenhuma palavra pode expressar como eu me senti. Especialmente quando estávamos dançando, e ela estava dançando no seu assento, nos assistindo. Isso foi ouro! Fiquei extremamente grata por esse dia inesquecível e histórico.

■ 2017

Tive a oportunidade de trabalhar com Alicia Keys na sua campanha *"She's a King"*. Um belo dia, seu irmão Cole Cook entrou em contato comigo por telefone. Quando recebi aquela ligação, achei que fosse mentira. Ele mencionou sobre o projeto, e não levei muita fé. Depois que ele ligou novamente para acertar a logística, quase morri! Isso foi em novembro, próximo do meu aniversário, e que presentão recebi! Ela tinha acabado de voltar do *Rock in Rio*. Cole havia marcado de gravarmos nas ruas de Nova York. Fui até o ponto de encontro e começamos a gravar sem ela. Depois de algumas horas ela chegou. Estava no carro dele esperando, e quando entrou fiquei muito emocionada! Aquela pessoa calma, com voz branda, superiluminada, me disse: "Olá, Ingrid! Tudo bem? Eu te acompanho há anos e pedi para o meu irmão entrar em contato com você. Admiro muito seu trabalho e sempre leio tudo que você escreve no seu Instagram". Minha reação foi fingir naturalidade. Sou muito emotiva, mas segurei as lágrimas e a emoção. Afinal, não queria que ela achasse que eu era uma fã doida. Além disso, como era um trabalho, precisava ser muito profissional. Quando a Alicia saiu do carro, caí em lágrimas de emoção por estar falando com ela e estar na presença de alguém que eu sempre admirei. Prosseguimos, falei sobre minha admiração por ela, ela me contou de sua experiência no Brasil e gravamos a campanha para a sua jaqueta, que nas costas tinha as palavras: *"She's a King"*. O conceito era de que cada pessoa, de uma profissão diferente, passasse a jaqueta adiante. Ela passou para mim — que fui uma das poucas pessoas a interagir com ela no set. Anos depois, ela foi à Dance Theatre of Harlem assistir a um ensaio, e estávamos juntas novamente. Ela me deu um superabraço e conversamos. Momentos como esses eu jamais vou esquecer. Atualmente ainda mantemos contato.

■ 2018

Fui convidada pelas Nações Unidas para participar do Social Good Summit, em Nova York. Dividi o palco, durante a palestra, com Padma Lakshmi e Achim Steiner para discutir como as mulheres estão liderando o mundo com seus projetos e ações sociais. Nesse mesmo ano, tive a oportunidade de dançar o *Fire Bird*, um dos solos mais importantes da Dance Theatre of Harlem e o sonho de toda bailarina. Foi um dia mais do que especial, nunca na vida imaginei dançá-lo. O processo mental e físico foi pesado. Lembro dos primeiros dias depois do ensaio, em que eu mal conseguia andar de dor, e as lágrimas foram tantas. Pensei que, se eu não fosse capaz, não me dariam a oportunidade de dançar esse balé. Bom, dito e feito, eu sou capaz e fui! Antes de entrar no palco, bateu um nervosismo, mas se não batesse não seria normal. Quando entrei e fiz a primeira pose, o público já estava batendo palmas só em me ver. Ainda é surpreendente quando as pessoas veem uma bailarina negra dançando um grande clássico como esse! É uma mistura de "até que enfim conseguimos" com "ainda falta muito, vamos lá"! Bom, como já disse, de certa forma eu vim a este mundo para fazer a diferença e, se essa for a minha missão na vida, a seguirei até o fim!

Minha mãe também esteve aqui, nos Estados Unidos, em 2018, pela primeira vez. Sempre quis que ela me visse dançar profissionalmente em Nova York, porém quando ela veio eu não tive apresentações. Então, ela não conseguiu me ver dançar. O legal é que em todas as estações de trem tinham pôsteres com minha imagem, ela tirou uma foto do lado de um deles, toda chorosa e orgulhosa. Aliás, ter suas fotos nas estações de trem em Nova York é indescritível; eu sempre fico surpresa quando vejo, como se fosse a primeira vez. Como ela veio em maio, conseguimos celebrar seu aniversário de sessenta anos no Central Park, em um piquenique superespecial. Minha mãe, cheia de saúde, celebrando comigo foi o melhor presente que eu pude ter.

Em 2018, outro momento especial foi quando dancei *Valse-fantasie*, coreografada por George Balanchine, em Louisiana. Não foi fácil conseguir o papel, havia voltado do Brasil, estava no *casting* e era a quinta da fila. Trabalhei duro até que a oportunidade chegasse a mim. O balé é composto de uma valsa de oito minutos de muito pulo e técnica. Estava sonhando com o dia da apresentação. Entrei no palco com o maior sorriso do mundo! Dei o meu melhor e, graças a Deus, deu tudo certo. Gostaria de ressaltar que sou a segunda bailarina negra a dançar esse balé como dançarina principal. A reação da plateia, no fim, foi o mais emocionante!

Não poderia deixar de mencionar que dancei, também, no grande teatro do Harlem, o famoso Apollo Theatre. Nas minhas caminhadas pelo Harlem, conheci o lendário Dapper Dan, que estava recebendo um prêmio do Global Citizen. No dia em que o conheci, ele convidou a mim e a uma amiga para acompanhá-lo. Nem imaginava aonde estávamos indo. Em Nova York, algumas das pessoas mais famosas também são as mais simples. Assim, fomos até o lugar do prêmio com ele e sua família, como se fôssemos da família. Mantenho contato com ele até hoje. É engraçado como algumas pessoas entram na nossa vida gratuita e genuinamente.

2019

Em abril, dancei *Fire Bird* em Nova York. Nossa temporada é sempre a mais esperada pelo público. Meus amigos e familiares, todos vão me assistir. Sempre fico nervosa porque é muita pressão física e psicológica. Foi na noite de abertura, no Nova York City Center, celebrando o aniversário de cinquenta anos da Dance Theatre of Harlem! Eu estava lá, abençoada por fazer parte da companhia de balé com tanta história e poder. Finalmente, dancei o solo icônico *Fire Bird*, e minha mãe assistiu à minha apresentação nos Estados Unidos pela primeira vez. Finalmente, ela pôde presenciar tudo pelo que lutamos e conquistamos! O meu orgulho é infinito!

O dia 13 de junho seria memorável para o resto da minha vida! Estava suada e com o sorriso do tamanho do mundo! Mesmo antes de entrar no palco, estava chorando de emoção. Bom, dançar no The Kennedy Center não é para qualquer um. Era uma quarta-feira, o dia começou maravilhoso do momento em que acordei até a aula, e sabia que algo especial estava para acontecer. Abrimos as apresentações, que responsabilidade! Eu e Christopher McDaniel dançamos como os principais em *Valse-fantasie*, de George Balanchine, com orquestra completa no palco do The Kennedy Center. Após sair do palco, chorava de gratidão por ter conquistado mais esse mérito na minha vida.

Em agosto de 2019, um dos momentos mais importantes da minha carreira aconteceu em um sábado, quando tive a oportunidade de dançar *Romeu & Julieta*, coreografado por Kenneth MacMillan, graças ao convite de Thiago Soares em sua turnê. Outra ocasião incrível foi poder dançar no Guggenheim à noite. Depois de onze anos morando em Nova York, nunca em meus sonhos imaginei que fosse dançar em um dos museus mais importantes do mundo. Em celebração à Dance Theatre of Harlem, completando seus cinquenta anos, dançamos três balés que fazem parte da história dessa companhia, além de *Tones II*, que foi criado por Mr. Mitchel.

Como a vida é algo inacreditável, só tenho a agradecer! Ainda nesse ano, tive a oportunidade de conversar com Pedro Bial e Ismael Ivo no programa *Conversa com Bial*, que foi ao ar em outubro de 2019. Eu estava a caminho do Brasil para dançar com a minha companhia.

Minha primeira capa de revista brasileira saiu em novembro, na *Ela*, do jornal *O Globo*. Foi extremamente impactante para mim.

■ 2020

Em fevereiro, mês da Consciência Negra nos Estados Unidos (*Black History Month*), a Nike celebrou atletas negros do mundo todo, definindo um legado coletivo através do poder do esporte e da cultura, construindo a fundação para novas gerações moverem o mundo adiante. Tive a oportunidade de participar dessa campanha, que teve a Serena Williams narrando a minha história e foi exibida na 34th Street, naqueles letreiros maravilhosos no meio da cidade de Nova York.

Não poderia deixar de mencionar quando, nesse mesmo ano, minha sapatilha foi para o Museu Nacional de Arte Africana Smithsonian, em Washington, DC.

Eu também tive a oportunidade de ser reconhecida pela Mipad (lista das cem pessoas mais influentes de descendência africana), juntamente com outras personalidades, como umas das pessoas afrodescendentes com menos de quarenta anos mais influentes no mundo. Além disso, tive a honra de receber o prêmio "Faz a Diferença", de *O Globo*, na categoria "Ela".

■ 2021

A convite da Universidade Harvard, dei uma palestra sobre a minha história de vida. No fim, recebi o prêmio Latina Trailblazer. Chorei muito de emoção, pois começar o ano sendo reconhecida foi inspirador!

Em fevereiro, fui reconhecida pela *Forbes Brasil* como uma das mulheres mais bem-sucedidas do mundo, entre vinte personalidades importantes do nosso país.

Fui capa da *Claudia* amamentando, um ato ainda envolto em tabu, embora seja tão poderoso e especial para as mulheres no mundo todo.

Fiz um trabalho incrível com a Laura para a *Vogue* dos Estados Unidos, primeiro trabalho fashion internacional com a minha filha.

Um minidocumentário produzido pela The Bloc, em parceria com o EmpowHer New York, contou a minha história no Festival de Cannes. Além disso, no Cannes Lions, um dos mais importantes festivais sobre publicidade, ganhamos dois prêmios: um Leão de Prata na categoria saúde e bem-estar com o longa *The Call*, que destaca as injustiças raciais no sistema de saúde americano, e um Leão de Ouro na mesma categoria com o curta *SkinDeep*.

Essas são algumas das conquistas que a dança tem me trazido.

Autoestima é construção

NÃO GOSTO MUITO DO MEU BUMBUM. Também não gosto de começar a falar puxando o tema pelo lado negativo. Mas precisava fazer isso para mostrar o que o olhar de outra pessoa pode fazer com a nossa autopercepção.

Até meus treze anos, nunca havia me questionado sobre meu bumbum, ele nunca havia sido um problema. Então, nessa idade — na fase mais complicada, que é a adolescência, com tantas questões referentes ao corpo, às mudanças e aos descobrimentos —, quando estava no nível preliminar, ouvi de uma professora da Escola Estadual de Dança Maria Olenewa:

— Ingrid, ou você coloca o bumbum para dentro ou nunca mais vou te corrigir.

Ela me expôs na frente de todos. Já disse que nunca fui alguém que gostasse de atenção. Agora, imagine estar diante de vários colegas, adolescentes, e ser criticada por causa de uma parte do seu corpo. Até hoje, ainda não descobri como se coloca o "bumbum para dentro", nem mesmo que tipo de correção foi aquela. Essa é uma consequência do balé clássico que foi criado na Europa, com corpos totalmente diferentes dos nossos, brasileiros. Mulheres brasileiras têm curvas, sim, e esse foi meu primeiro choque corporal na dança por ser uma mulher negra nesse ambiente. No entanto, o que mais me chateou foi a maneira grosseira que a professora falou comigo.

Foi uma agressão muito pesada para uma adolescente e, a partir daquele dia, me deixou marcas profundas. Bastou uma frase para me traumatizar. Até hoje, nas aulas e nos ensaios de balé não consigo usar somente uma meia-calça ou um short, como algumas bailarinas fazem, sem pensar duas vezes. Sempre coloco uma saia por cima para esconder essa parte do meu corpo, pois, frequentemente, tenho a impressão de que alguém está olhando para o meu bumbum, pensando que ele é grande, e isso me incomoda. Por isso, sou a rainha das saias. Tenho de todos os tipos, comprimentos e cores.

No entanto, agora, ao recordar a frase marcante sobre meu bumbum, penso que até os meus trezes anos eu não tinha nenhum problema com ele. Passei a escondê-lo com saias ou com blusas amarradas na cintura apenas depois de ouvir esse comentário, que alterou a percepção que eu tinha sobre essa parte do meu corpo. Ou seja, minha autoestima foi gravemente atingida.

Segundo o dicionário, autoestima é a "qualidade de quem se valoriza, de quem se contenta com seu modo de ser e demonstra, com isso, confiança em seus atos e julgamentos". Assim, em vez de eu ter orgulho deste meu bumbum torneado, prefiro escondê-lo.

Quando cheguei a Nova York, na Dance Theatre of Harlem, foi a primeira vez que nas aulas de balé nenhum professor fez qualquer comentário sobre o meu bumbum. O foco das correções dos professores de lá era outro.

Tenho lordose, e o meu bumbum é consequente dessa alteração na curvatura das minhas costas.

No momento em que escrevo este capítulo, quero marcar o início de uma nova relação que pretendo estabelecer com meu bumbum e com meu corpo no geral. Vou tentar fazer aulas e ensaiar sem colocar a saia da próxima vez, apenas de meia-calça, e adotar isso em minha rotina mais e mais vezes até que eu possa dizer: "Eu gosto do meu bumbum!". Sei que em alguns dias vou gostar mais e em outros menos. E tudo bem! Faz parte do processo de construção da autoestima, é uma construção diária.

Em função do balé, trabalho me olhando no espelho, dentro de um estúdio, há mais de 24 anos — e você já deve imaginar a cobrança que isso envolve. Às vezes, ao observar meu reflexo, foco diretamente naquela parte do corpo que me incomoda. Sei que, da mesma maneira que exercito meu corpo, preciso exercitar a minha autoestima para criar uma empatia com partes minhas que são importantes também, sem as ignorar.

É dever dos professores, ensaiadores e diretores de balé se reeducarem ao ensinar seus alunos, para não usarem mais palavras grosseiras. No balé, há uma cultura muito ruim: a da humilhação para ter resultados. É importante, sim, falar que a disciplina é necessária, mas há melhores formas de explorar o potencial de um artista do que pela humilhação. Que os professores se adéquem a um novo vocabulário e entendam que existem diversos tipos de corpos para que situações assim não aconteçam mais. O mundo está evoluindo, e assim deveria ser com quem ensina arte.

Agora, lanço um desafio para você, que está lendo este livro. Pense em algo que te incomoda no seu corpo. Pensou?

Tente descobrir os motivos desse sentimento. De onde vem essa vergonha? De onde vem esse "desgostar"? Tente, em um exercício diário, amar um pouco mais aquilo que te incomoda. No começo vai ser difícil, mas aqui vão umas dicas sempre válidas:

- Não se compare a ninguém. Ninguém é igual ou melhor do que você, apenas diferente. Comparações, em vez de ajudar, vão limitar.

- Tente focar naquilo que te deixa para cima, não naquilo que te desagrada. Olhe-se por inteiro, em sua totalidade.

- Pensamentos negativos dificultam bastante uma reconexão consigo mesma(o), então procure pensar positivo. Isso requer um "treinamento", claro. Se não estiver conseguindo tirar algo ruim da cabeça, procure ter pessoas à sua volta que vão te apoiar e que sempre estarão com você em todos os momentos.

- Por fim, aceite-se mais. SE AME MAIS!

Quem sabe, um dia, você não vai rir de ter escondido alguma parte do seu corpo por ter vergonha dela? Bom, tudo é questão de ângulo, de ponto de vista. Não se deixe levar por experiências alheias e tóxicas. Que possamos ser felizes, nos amar e nos conhecer de dentro para fora.

Existe um
"corpo de bailarina"?

Há uma questão que sempre envolveu a área do balé:

— Como obter o "corpo de bailarina"? Qual é a dieta — se é que existe uma — para alcançá-lo?

Bom, como, de certo modo, introduzi no capítulo anterior, desde que o mundo é mundo e o balé foi criado existe uma pressão para que toda bailarina seja magra, alta e com traços europeus. Conforme já mencionei, me recordo de me sentir incomodada com relação a isso, principalmente quando uma professora me mandou colocar o "bumbum para dentro". Aquele episódio foi meu primeiro gatilho sobre meu corpo.

Também, como contei, nunca havia me questionado sobre meu corpo, nem sequer achado que minhas curvas não fossem adequadas ao balé. Ao contrário, me considerava uma mulher magra e saudável. Comia de tudo, nunca pensei em fazer dieta para manter meu peso porque sempre dançava por muitas horas, mas me lembro de que minha mãe sempre dizia:

— Não coma demais! Olha o balé!

Felizmente, essa fala da minha mãe nunca me afetou diretamente, mas tenho total consciência de que poderia ter afetado. Ela não fazia por mal. Há praticamente uma lei na cabeça das pessoas sobre o que é o "corpo de bailarina".

Ao frequentar escolas de dança fora do projeto Dançando para Não Dançar, passei a observar bailarinas com corpos diferentes do meu e, às vezes, me comparava. Mas não há nada demais nisso, afinal estava na adolescência, fase de descobrimento, em que cada um busca o autoconhecimento de maneira diferente.

No imaginário de leigos, e na realidade dos profissionais da área, o corpo de bailarina é o de uma mulher extremamente magra, alta, com membros finos, pescoço longo, cabeça pequena, seios pequenos, sem músculos aparentes, sem glúteo avantajado, e soma-se a isso tudo o que esperam da aparência facial, ou seja, um biotipo completamente diferente do meu. Eu nunca atingiria esse padrão de maneira saudável. E é aí que mora o perigo.

Em algumas escolas antigas, como Bolshoi e Vaganova, até hoje é realizado um estudo com a família da bailarina para saber se ela tem o corpo ideal para o balé. Antes de ela entrar na escola, eles analisam a criança e seu corpo, suas possibilidades físicas, articulações do pé, abertura de quadril, mobilidade das costas, genética de altura.

É muito seletivo, e essas exigências acabaram se disseminando pelo mundo. Há lugares que só aceitam um biotipo específico, e essa predeterminação vem de uma cultura iniciada por essas escolas famosas, que são o berço do balé que adota esse conceito de corpo. Então, a gente acha que bailarino é isso porque é só o que eles aceitam.

Isso vem mudando com o passar do tempo, mas a mudança é bem lenta. A referência do que a gente acha que é bom vem de uma seletividade e de uma peneira muito específica do que entendemos como balé e consideramos ser o certo.

Muitas companhias até hoje pesam suas bailarinas e as medem para ter certeza de que elas não ganharam peso ou estão nas devidas medidas. A bailarina clássica profissional tem que ter um corpo-padrão magro para que possa fazer *pas de deux* e para que o bailarino possa levantá-la sobre sua cabeça.

Ao conviver com outras bailarinas e bailarinos, noto certa obsessão por ter um corpo nos padrões supermagros do balé, muitos desenvolvem distúrbios alimentares seríssimos. Diversas vezes, vi colegas de trabalho "passando fome", optando por não comer, por horas e dias, tudo por causa do medo de comer e engordar.

E então eu me pergunto: sem comida, sem combustível para o organismo, como obter a energia necessária para dançar?

Fico bastante mal-humorada quando estou com fome. No entanto, mesmo comendo bem, meu corpo sempre se manteve magro e saudável, pois meu metabolismo é ótimo — acredito que em função de algo da minha genética. Além disso, a rotina de trabalho, que são de seis horas dançando todos os dias, é pesada, então é impossível não queimar calorias. De toda forma, tenho total empatia pelas pessoas que se sacrificam diariamente para atingir o tal peso "ideal", mas fico extremamente preocupada com essa atitude.

O fato é que há uma pressão enorme com relação ao corpo não apenas na área do balé, mas no geral. As redes sociais, ao exibirem fotos de corpos inatingíveis, não ajudam; as pessoas que fazem comentários gordofóbicos ao nosso redor não ajudam. É fundamental tentar manter o foco não no corpo-padrão, mas no corpo saudável.

É hora de evoluirmos em todos os aspectos, e a questão do corpo é um deles. Se você é bailarina(o) e se sente em um ambiente tóxico, que força você a se punir por meio da alimentação, isso não é bom. Além disso, ao não cuidar bem do seu corpo, provavelmente seu estado emocional será afetado, e tanto a saúde física como a saúde mental são muito importantes. Assim, procure ajuda, saiba que você não está sozinha(o) e que há muita gente passando por isso também.

Respondendo à pergunta que dá título a este capítulo: na minha opinião, não existe apenas um "corpo de bailarina", o tal corpo perfeito. A dança vem evoluindo e, sim, existem vários corpos com sua beleza e sua técnica. O que realmente importa é o foco, a determinação e o talento.

A primeira boneca
da cor da minha pele

Recém-chegada a Nova York, me lembro bem do que senti no primeiro Natal que passei sem a minha família. Imaginava que fosse ser bem difícil — e realmente foi. A falta da presença física de todos, obviamente, mexeu muito comigo. Entretanto, houve um lado bom. Naquele período de adaptação, tinha feito amizade com a Ashley, que, como mencionei nas páginas anteriores, também dançava na companhia. Com ela, trocava algumas confidências, falava da vida e, certa vez, comentei que nunca havia tido uma boneca negra. Com o fim do ano, para não deixar que eu me sentisse tão solitária, ela me convidou para passar o Natal em sua casa, em Shreveport, Louisiana. Até chegar lá foi uma aventura. Ela foi na frente; e eu, próximo da data de Natal, peguei um avião em Nova York e fiz uma transferência em Detroit, mas enfrentei uma nevasca e tive meu voo cancelado. Acabei embarcando apenas no dia seguinte, e, no meio dessa loucura toda, meu inglês era muito precário. Essa viagem foi um desafio para mim.

Chegando lá, sabe aqueles subúrbios de filmes americanos, com as casas parecidas com as do The Sims? Quem já jogou sabe do que estou falando. Então, a rua dela era exatamente daquele jeito, parecia um sonho. Passei uma semana em Shreveport. Nunca me esqueço desse dia, que me marcou para sempre. Tinha dezenove anos, estava na casa da Ashley, e de repente sua mãe me disse:

— Aquela caixa de presente na árvore é sua.

Fiquei muito feliz por aquele gesto, mas jamais imaginava o tanto que ele me marcaria. No momento de abrir os presentes, cada um da família pegou o seu, e lá fui eu desembrulhar o meu. E então ela se revelou: uma Barbie negra.

Senti um misto de sensações que até hoje não sou capaz de descrever. Amava a Barbie desde criança, e, para mim, elas sempre foram loiras. Afinal, as que eu havia ganhado — e que, por sinal, não foram muitas — eram todas loiras. Aquela aparência era o "normal" para mim — como foi para a grande maioria das pessoas durante um bom tempo. Assim, imagine a minha emoção ao ganhar minha primeira boneca negra — e que, além de tudo, era uma Barbie!

Como acho muito importante entender a origem desse sentimento, tanto meu como de outras pessoas negras, vamos voltar um pouco no tempo: embora houvesse algumas bonecas afro--americanas nas coleções da Barbie antes — como Christie, sua primeira amiga negra, apresentada pela primeira vez em 1968 —, uma Barbie afro-americana oficial foi criada somente em 1980, lançada junto de uma Barbie latina. Eu nasci em 1988 e hoje, após saber disso, me questiono por que essa Barbie negra nunca chegou ao Brasil, nunca chegou até mim ao longo da minha infância.

Aquela experiência mexeu comigo de uma maneira… Talvez as pessoas brancas não compreendam muito bem minha emoção. Mas, quando eu ia às lojas de brinquedo na infância, as bonecas eram todas brancas. Eu gostava delas, queria ter e brincar com todas. No entanto, veja bem, fui ter a real noção do impacto que aquelas bonecas brancas causaram em mim apenas aos dezenove anos, ao ganhar minha primeira boneca negra. A partir daí, percebi a falta de representatividade nos brinquedos e o quanto isso me afetou. Na cabeça de uma criança, as coisas podem ser bem simplificadas, é natural pensar: "Por que não existe uma boneca negra?"; "Não é normal ser negra?"; "Eu não faço parte, eu não pertenço ao mundo?".

Questionamentos que vêm mais cedo ou mais tarde, como se antes eu tivesse vivido uma "normalidade", que era ser branca e loira porque, por muitos anos, essas foram as minhas referências na TV, nas revistas e nas novelas. E, quando eu via uma mulher negra, era muito raro.

Guardei para sempre na memória os detalhes do momento em que desembrulhei o meu presente e a minha Barbie negra foi revelada. Meus olhos brilhavam.

Outro momento muito vívido em minha mente foi quando, já estabelecida em Nova York, entrei pela primeira vez na enorme — e hoje extinta — Toys "R" Us, na Times Square. Era uma loja de brinquedos gigantesca. E lá me deparei, no segundo andar, com uma seção inteira de Barbies negras.

O sonho de qualquer criança é ter uma Barbie, mas quando você está em um andar só de Barbies, é inacreditável. Eu até tive o prazer de entrar na casa da Barbie.

Maravilhada, fui explorando prateleiras e prateleiras. Vendo o que nunca tinha visto antes: um monte de bonecas negras, uma ao lado da outra. Com os cabelos crespos, *black*, com diversos tipos de roupas e estilos e com algumas feições que reconhecia em mim. Sem dúvida, foi um dos momentos mais importantes da minha vida.

Alguns podem falar que aqueles brinquedos são apenas um monte de plástico. Mas, no fundo, eles representam muito! Por isso, não quero que minha filha Laura jamais passe pelo que passei. Antes mesmo de nascer, ela já tinha uma Barbie negra, assim como outras bonecas negras. Além disso, fiz questão de ir a livrarias e comprar todos os livros infantis cujos protagonistas fossem negros. Assim, ela terá referências desde muito cedo e saberá como elas são essenciais para sua jornada, o que será maravilhoso!

Agora, vou contar um segredo: sabe a Barbie que mencionei no começo do capítulo? Pois bem, mantenho-a guardada na caixa até hoje. E sabe por quê? Sempre soube que um dia seria mãe. Então, guardei a Barbie para esse momento, quando Laura estiver mais crescidinha e puder brincar. Essa será sua primeira boneca, passada de mãe para filha.

Sendo bailarina como a mãe ou seguindo outro caminho, ela terá uma boneca negra bailarina, outro sonho de infância que pude realizar somente há alguns anos, quando a marca Nia Ballerina (@nia.ballerina) lançou uma boneca poderosa, de cabelo encaracolado, com um *afro puff* igual ao meu. Imediatamente, comprei uma boneca para mim e a guardei. Algo nela me chamou atenção e pensei: "Ela é igual a mim, eu quero!". Ela também será entregue à Laura. Referência e representatividade são tudo para mim e são a melhor maneira de se construir uma identidade. Quero que minha filha saiba sempre quem ela é, que espaço ela ocupa e o que ela representa no mundo.

A romantização da maternidade: gravidez e parto

MUITAS VEZES, ME PEGUEI PENSANDO em quão mágico era ser mãe. Desde muito nova, ouvia minha mãe falando sobre isso. Ouvia minhas amigas conversando sobre gravidez, maternidade, e depois via as crianças que nasciam. Assim, sentia uma aura de magia e de romance vindo de todos os lados. Nunca consegui entender o motivo, mas admirava a maternidade.

No louco ano de 2020, fui surpreendida com a minha gravidez. Descobri que estava grávida no dia 1º de abril, dia da mentira, e meu marido e eu achamos que era mentira, nossa reação foi a mais engraçada. Ter um filho não era a minha prioridade naquele momento da vida e nem havia sido planejado, mas, nossa, como foi bem-vindo! Afinal de contas, sempre quis ser mãe. Digo que não era prioridade, pois, como meu trabalho depende muito do meu corpo, pensava: "Deixa para mais tarde, Ingrid. Você está no auge da sua carreira!".

Quando descobri que estava grávida, tive medo, dúvidas e uma felicidade sem explicação. Durante muito tempo — por quase sete meses —, não quis que ninguém soubesse. Claro que alguns dos meus amigos e familiares sabiam, mas fui bem discreta. Eu mesma estava tentando digerir a minha nova responsabilidade primeiro, além disso, prezo muito pela minha privacidade. Preferi não contar nada para ninguém por diversos motivos, entre os quais porque há os "palpiteiros", aqueles que sempre vão ter algo para dizer e opinar. Senti um desejo muito grande de me proteger e proteger meu bebê.

Acredito em energias e sei que há muita gente que torce a favor, mas também existem aquelas pessoas que não gostam de ver os outros felizes — e, dessas, eu quero distância.

Meu marido me apoiou e quis que eu tivesse a melhor experiência durante a gestação. Ele sempre sonhou em ser pai, então estava nas nuvens com a novidade. Quando eu disse que ainda não estava preparada para dividir isso com o mundo, ele me respondeu: "Tudo no seu tempo!".

Confesso que não me conectei de cara cem por cento com a minha gravidez. Demorou um tempo para que eu sentisse isso que as mães sentem, a tal conexão. Estava, em junho de 2020, em Fire Island, na casa de praia da Cintia, irmã de Suzanne, uma amiga. Em um belo dia, acordei após ter sonhado com amarelo, que, para quem não sabe, representa Oxum. Esse dia mudou a minha vida porque, depois de sonhar com a cor amarela, acordei, me sentei na varanda de casa e fiz uma meditação. Depois, caminhei até o mar, com o qual durante toda a minha vida me senti conectada. Eu amo o mar e me sinto bem perto dele.

Acho que a gravidez e as águas que estavam dentro de mim se conectaram com as águas do mar. Foi mais forte do que imaginei. A partir daquele momento, meu laço foi estabelecido e eu vi minha gravidez com outros olhos.

O período da minha gravidez me ajudou, de certa forma, a não ter contato com muita gente, por causa da pandemia. Tive contato somente com amigos próximos e familiares pela internet. No fundo, acho também que eu não queria sentir qualquer pressão para exibir uma gravidez perfeita. Eu queria escrever a minha própria história durante a minha gravidez e ter as minhas próprias experiências. Como eu disse no começo deste capítulo, quando você está grávida, tem essa aura mágica, imaculada, do que esse período representa. E o que seria perfeição, afinal? Para mim, que o bebê chegasse bem e com saúde.

Eu e meu marido sempre sonhávamos em ter uma menina, e, mesmo antes da gravidez, ela já tinha nome: Laura — uma homenagem à avó dele. Intuitivamente, nós a chamávamos assim, como se ela já estivesse andando pela casa. O bebê ainda estava na minha barriga e nem tinha feito o exame para saber o sexo dele, no entanto, dentro de mim, eu sabia que seria uma menina. Era intuição de mãe.

Quando fiz o exame e confirmaram que era uma menina, foi lindo demais. Era a semana de aniversário do meu marido, e eu queria fazer uma surpresa sobre o sexo do bebê, mas, como ele não acompanhou as visitas médicas por causa da covid e havia limitação de pessoas na sala de espera do hospital, ele não pôde estar presente. Isso foi algo que me deixou muito triste e ansiosa durante a gestação, pois eu havia sonhado com aquele momento, na consulta, em que nós dois ouviríamos os batimentos do coração dela juntos. Filmei o momento e mostrei para ele ao chegar em casa, e foi muito especial porque choramos juntos. Imagina uma vida, um pedacinho meu e dele!

Eu ia às consultas sem ele e com medo. E se eu ouvisse algo ruim? Poxa, sozinha! Sei que você que é mãe e que passou por isso durante a pandemia me entende completamente.

Um belo dia, a dra. Flávia me ligou e disse:

— Já sei o sexo. Vocês querem saber?

— Claro! — eu disse.

E pensei: é menina! Mas tinha que esperar ela confirmar. Fui à sala escondida para saber da novidade, meu marido ouviu a voz da médica e começou a me seguir pela casa. Eu ria muito. Ia fazer surpresa porque era semana de aniversário dele, mas não consegui. A cara dele quando ela falou que era menina foi inesquecível! Ele chorou de emoção e disse que a Laura era o melhor presente de aniversário da vida dele.

Meu primeiro anúncio sobre a gravidez foi no dia 11 de setembro de 2020, depois de algumas conversas com a Taís Araújo sobre como, e se eu deveria, compartilhar a notícia com público. Eu conheci a Taís no dia 31 de maio de 2016, quando ela estava gravando *Mister Brau*. Eu estava no Brasil, durante umas das minhas férias. Temos uma admiração muito grande uma pela outra, e conversava com ela pelas redes sociais. Nesse dia, ela viu que eu estava no Brasil e falou: "Você não vai embora sem vir me visitar". Meu irmão me levou até o set de filmagem e, pela primeira vez, a conheci pessoalmente. Foi muito especial, sempre simpática e acolhedora. Me deu um abraço apertado que nunca vou esquecer. Trocamos telefones e mantemos esse laço até hoje.

Eu também estava bem insegura sobre compartilhar a novidade nas minhas redes sociais. Dividi meu ponto de vista com algumas amigas que são figuras públicas, como Isabel Fillardis, Maria Rita, Astrid Fontenelle, Gaby Amarantos e Camila Coutinho.

Para mim, esse negócio de ser uma pessoa pública é muito estranho ainda. Afinal, perde-se um pouco da privacidade, e se é questionada o tempo todo. As pessoas têm curiosidade sobre tudo da sua vida, e eu sei que é normal, mas nem tudo tem que ser exposto. Taís me deu dicas ótimas, ela teve uma perspectiva sobre o público, diferente da minha, muito positiva sobre a chegada de uma criança. Uma criança é vida e boa energia! O mundo estava passando por um momento tão sombrio que uma novidade boa poderia ser especial para muitos.

Foi então que ela deu a ideia de criar um vídeo anunciando a minha gravidez, dirigido por ela. Eu estava fazendo aula em casa há muito tempo e, um dia, aluguei um estúdio para ensaiar e gravar o vídeo. A Bethânia fez a coreografia e meu amigo Derek a filmou. Enviamos para o Brasil e a Taís, junto com a Itaiara Andrade, o editou. Esse vídeo teve um olhar muito sensível e especial, que emocionou muita gente além de mim.

A partir disso, me senti confortável para compartilhar nas redes sociais a minha jornada, sempre falando que cada gravidez é única e que ninguém deveria se comparar comigo, principalmente com relação à prática de atividades físicas — afinal, sou bailarina e danço há mais de 24 anos. Ou seja, sempre fui ativa e não seria naquele momento que ia parar de dançar, de fazer atividades e de trabalhar.

Tive oportunidades únicas de trabalhar grávida em campanhas, foi muito empoderador para mim com sete meses estar dançando na ponta e trabalhando.

Foram meses de tranquilidade, amor e muita energia positiva. Escolhi a dedo com quem queria me relacionar e, até mesmo, com quem desejava conversar para não influenciar negativamente na minha gestação — na verdade, a única pessoa que escutei, realmente, foi a minha mãe.

E vamos falar sobre algo de que quase ninguém fala com sinceridade: o parto.

Laura nasceu de parto normal, no dia 27 de novembro, três dias depois do meu aniversário. Ao contrário de outras mães, não queria que ela nascesse no dia do meu aniversário, queria que cada uma tivesse seu dia. Quando nasce uma criança, automaticamente, as pessoas se esquecem da mãe; e eu não queria isso. Bom, para quem não sabe, o parto não acontece como nos filmes — não mesmo! Infelizmente, todo o processo é muito romantizado pelas pessoas.

Muitos dizem: "Vai ser ótimo, você vai ficar bem!". Sim, vai ficar bem, mas há muitas coisas que acontecem durante o parto que são experiências individuais. Pois é, foi assim também comigo. Ouvi muitos "não se preocupe" e "você vai tirar de letra". Ouvi muito isso também porque sou bailarina, e diziam que seria muito fácil! Isso me irritava muito porque eu não queria criar nenhuma expectativa.

Bom, vamos aos fatos. Leva-se de 24 a 42 horas para uma mulher parir, em alguns casos até mais. Antes, não fazia a mínima ideia dessa informação, por isso agradeço às aulas de pré-natal que eu e meu marido fizemos. Foi uma das melhores coisas em que investimos durante a gestação.

Dei entrada no Lenox Hill Hospital, no dia 26 de novembro, Dia de Ação de Graças nos Estados Unidos. Não sabia que estava com a bolsa rompida. Estava esperando aquela cena de filme, em que a bolsa se rompe e sai muito líquido para todos os lados, mas não foi assim.

Durante o dia, senti que havia algo diferente acontecendo no meu corpo, só não sabia o que era. Eu estava sentindo pequenos "xixis" o dia todo, como se eu não conseguisse me segurar. Então, liguei para a dra. Flávia, que me orientou a ir ao hospital fazer um teste para termos certeza de que a bolsa não havia estourado. Fui então ao hospital. Nesse mesmo dia, eu já tinha combinado com meu amigo Guilherme, que é padrinho de Laura, de fazermos o nosso jantar de Ação de Graças em casa porque meu marido ia trabalhar, e eu ficaria sozinha. Em razão da pandemia, não fui à casa do meu cunhado para jantar e porque algo me dizia que alguma coisa estava para acontecer. Resolvi me preservar, e o jantar não aconteceu.

Por volta das sete horas, eu liguei para o meu marido e disse que teríamos que ir ao hospital. Falava a ele que um dia faria isso de brincadeira, e, quando chegou o dia, e ele não acreditou. Eu tive que falar superséria porque ele estava achando que eu estava brincando, logo naquele momento. Dica: nunca brinque com coisas sérias. Ele chegou em casa e perguntou:

— Suas coisas estão prontas?

— Não!

Achei que fosse passar no hospital e logo voltaria para casa... Que ingênua! Pedimos um uber e saímos de casa com, basicamente, tudo: a cadeirinha para o carro, roupinhas, coisas de que eu fosse precisar.

Chegando ao hospital, fomos encaminhados para a seção de triagem. Se eu dissesse que estava calma, seria mentira. Estava morrendo de medo. Meu marido também estava com medo e apreensivo. Após a sala de triagem, em razão da covid, eu fui à outra sala fazer o teste sozinha. Ele não pôde me acompanhar. Aí me bateu mais medo. Caramba! De novo, sozinha. Que saco!

O médico fez o exame para saber se a bolsa havia estourado e, até então, não tinha detectado nada. O primeiro teste deu negativo; o segundo, positivo. Ele disse: "Agora você vai ter que ficar aqui!". Arregalei os olhos e chorei. Não havia mais volta.

Estava previsto que eu seria induzida no dia 10 de dezembro, mas a bolsa estourou bem antes. Eu não estava preparada, psicologicamente, para ficar no hospital naquele dia, porém, foi o que era pra ser.

Desde a primeira consulta de pré-natal, queria que minha médica ginecologista e obstetra, dra. Flávia, fizesse meu parto. Ela é brasileira, mora em Nova York há anos e a conheci por meio de uma recomendação há uns sete anos. É uma profissional excelente, maravilhosa e sempre me passou grande confiança. Era um momento único na minha vida, e queria estar cercada de pessoas em quem eu confiasse e que pudessem me passar segurança e amor.

Fomos encaminhados, após o exame, para a sala onde aconteceria o parto. Chegando lá, estava tudo organizado. Eu, sinceramente, nunca havia entrado antes em salas de operação. Graças a Deus, nunca tinha precisado fazer uma cirurgia. Bateu um frio na barriga.

Havia falado com a dra. Flávia sobre o meu desejo de ter um parto normal, e ela apoiou minha escolha desde o começo. Me preparei para isso, mas não sabia o que poderia acontecer. Estava aberta a todas as possibilidades. Também tive uma doula, a Angela, que é brasileira. Entramos em contato com ela por meio de uma recomendação da irmã do meu amigo Guilherme. Fizemos uma entrevista com Angela e gostamos muito do jeito dela. Uma ótima profissional que nos passou segurança, era tudo que buscávamos. Na verdade, eu não ia optar por ter uma doula, mas foi essencial e reconheço que foi uma das melhores decisões que tomamos. Ela fez tudo fluir melhor.

Contar com a Angela, que me acompanhou durante os últimos meses de gestação, foi uma ótima experiência, pois sua ajuda e seu apoio psicológico foram essenciais. Atualmente, ter uma doula é um privilégio, porém desde que o mundo é mundo a doula vem acompanhando os partos e dando suporte para as gestantes.

Eu dei entrada no hospital com um centímetro de dilatação. Como a minha bolsa de líquido amniótico tinha se rompido sozinha, sem o início das contrações, eu fui induzida. Naquele momento, tive um balão de água inserido em mim, a chamada sonda de foley, e recebi ocitocina para ajudar no desenvolvimento do trabalho de parto. Eu tinha pouca dilatação, meu corpo estava tentando entender o que estava acontecendo, suponho.

Sofri um pouco nas primeiras duas horas porque as contrações induzidas eram muito fortes e inconsistentes. Eu corria para o banheiro com meu marido, me segurando, desesperada, toda vez que vinha uma contração. Ainda não havia tomado anestesia, pois, na minha cabeça, achava que se eu tomasse, poderia retardar a dilatação. Porém não é bem assim, cada corpo funciona de uma forma. Portanto, faça o que for melhor para você! Se ouça! A dor do trabalho de parto pode ser descrita de muitas formas. Algumas mulheres se referem a ela de forma mais intensa que outras. No entanto, na verdade, a definição de dor é individual. No meu caso, eu odeio sentir dor. Depois de duas horas sofridas, eu já não aguentava mais. A senhora que era enfermeira e estava cuidando de mim sugeriu que eu tomasse a anestesia para dor, fui resistente e perguntei por quanto tempo duraria aquela dor. Ela disse: "Até o bebê nascer". Pensei "de jeito nenhum", e tomei a epidural — anestesia aplicada nas costas para ajudar o corpo a relaxar. Com essa anestesia, minha vida mudou, graças a Deus. Parei de sentir aquela dor intensa horrível, e meu corpo teve até um descanso. Meu corpo estava precisando, não vou te enganar, não! Parir é praticamente nascer de novo e ver como seu corpo foi feito para isso, como ele age naturalmente de acordo com o que é necessário.

Consegui dormir e me concentrar no meu corpo, fazendo com que meu psicológico relaxasse também. Odeio sentir dor! E não me venha com essa de "você é bailarina, passa sete horas de sapatilha de ponta e está acostumada com dor". Ouvi isso ao longo de toda a gravidez e queria matar todos que me diziam isso. Não é a mesma dor, não tem nem comparação.

Durante a madrugada, nesse período de descanso, por volta das duas horas da manhã, tive uma contração altíssima enquanto dormia, e do nada chegou uma equipe de médicos que entrou na sala correndo, checando a minha barriga e os batimentos cardíacos da Laura. Na verdade, a minha contração foi tão forte que o coração dela teve uma reação. Eu não entendia muito bem o que estava acontecendo, mas sabia que estava em boas mãos. A equipe era excelente. Tive medo de toda essa agitação. Meu marido e eu nos olhamos, e percebi que ele também ficou nervoso, mas sempre me colocando em primeiro lugar e me confortando. Depois daquele momento, eu não dormi mais, estava com medo de que algo acontecesse. Cochilava, porém estava sempre checando a máquina de batimentos cardíacos da Laura.

Na manhã do dia 27 de novembro, a dra. Flávia chegou. Quando olhei para ela, meu coração ficou mais calmo. Por volta do meio-dia, a Angela chegou. Parto é algo intenso, que exige muita paciência. Felizmente, as pessoas que estavam ao meu lado não controlavam meu tempo, e sim respeitavam cada minuto para que eu tivesse a melhor experiência possível.

A dilatação ia aumentando desde a madrugada do dia 26 de novembro. Às 3h15 da manhã do dia 27 estava em dois centímetros. Às 9h40 da manhã, foi para três centímetros. Às 10h30, para quatro centímetros. Às 13h30 da tarde, para sete centímetro. Às seis da noite, estava em nove centímetros. Às 18h50, finalmente, dez centímetros!

O dia foi passando, e comecei a ficar um pouco frustrada porque pensava que a bebê estivesse descendo para área de encaixe na bacia, mas não estava. Geralmente, as crianças estão na altura do quadril e prontas para descer, mas ela estava ainda bem em cima em termos de posição na minha barriga. Em certo momento, ela estava em uma posição que atingiu a região do meu nervo ciático nas costas — nem sei como!

Comecei a sentir muita dor nas costas. Entrou uma equipe de enfermeiras no quarto, fazendo das tripas coração, todo o possível — e o impossível — para fazer que a dor melhorasse, mas estava muito intensa. Fizeram massagem e trocas de posição, e a Angela fez massagem e usou um pano quente na minha testa para ajudar a relaxar. Além do trabalho de parto, eu estava sofrendo, ao mesmo tempo, com muita dor nas costas. Foi um processo bem cansativo e que exigiu muito do meu corpo. Até que uma das enfermeiras e a Angela fizeram uma massagem que ajudou a aliviar a dor ciática. Após esse momento, me ofereceram um picolé! Acredita? Acho que era para me animar, pois não podia comer nem beber água.

É aconselhável não consumir nada para o caso de haver complicações. Eu estava há 31 horas sem comer, já que o jantar de Ação de Graças nunca rolou. Recomenda-se somente consumir cubos de gelo, e o picolé foi uma ótima ideia, uma descontração, e eu estava com o maior sorrisão antes do grande momento.

Então, finalmente, chegou a hora do parto. Cheguei a dez centímetros de dilatação, e a dra. Flávia falou: "Chegou a hora". Acredite ou não, o período em que se empurra o bebê pode durar até três horas. Mais uma vez, eu achava que seria rápido como em um filme... Esse movimento exige perseverança! Para algumas mães é mais fácil, e para outras não. No meu caso, a Laura estava bem em cima da minha barriga. A expulsão durou duas horas e trinta minutos.

Várias vezes, achei que não fosse conseguir. Chorei, gritei, fiquei brava, frustrada, entre outras reações, mas faz parte. É o mistério do corpo humano.

Lembro quando já não aguentava mais, após duas horas e quinze minutos fazendo a expulsão, a dra. Flávia me pediu calma e que continuasse. Ela falou: "Me dá mais quinze minutos. Já, já a Laurinha vem". Eu pensei comigo, "nem pensar, vai ser agora!". Estava há tanto tempo nessa imersão. Por fim, empurrei pela última vez e senti a cabeça, os ombros e o resto do corpo da minha filha saírem.

Meu marido e eu nos olhamos e caímos em lágrimas ao vê-la. Aquele momento mudou nossa vida para sempre, é inesquecível. NASCI DE NOVO, de todas as maneiras possíveis. Não consigo explicar ao certo o que senti e sinto até agora. Quando a dra. Flávia a colocou nos meus braços, ela estava chorando. Eu falei: "Filha, a mamãe está aqui". E ela simplesmente parou de chorar porque reconheceu nossa voz. Foi especial.

Por causa do esforço físico que eu havia feito no ato de expulsão, sofri de exaustão e, no fim, tive febre. Então, eu não fiz o *skin to skin*, contato pele com pele entre a mãe e o recém-nascido logo que ela nasceu. Ela foi enrolada pelos enfermeiros, que a colocaram no meu peito por alguns minutos e a levaram imediatamente para a UTI neonatal para fazer exames por causa da minha febre. Era necessário ter certeza de que ela não tinha nenhuma infecção. Graças a Deus, ela estava bem.

Esse foi o momento mais importante e mais emocionante da minha vida até hoje, e eu só tenho a agradecer à dra. Flávia e à Angela, além de toda a equipe médica, por terem tido um cuidado excepcional comigo. E agradeço, em especial, ao meu marido, que esteve presente durante todo parto, me incentivando em todos os momentos. Quando achei que não fosse conseguir, pegamos um na mão do outro e fizemos uma oração. Essa conexão foi inesquecível, em um momento tão delicado.

Após o parto, passamos quatro dias no hospital fazendo exames comuns para ter certeza de que a Laura estava bem e saudável, recebendo todo o suporte médico até irmos para casa. Eu amamentei pela primeira vez, e que coisa mágica, que conexão, quando ela, pela primeira vez, olhou dentro dos meus olhos. Ninguém havia me olhado assim antes.

Após o quarto dia, fomos para casa, e a recepção da Frida, minha cachorrinha, foi fenomenal. A partir do momento em que você traz uma vida ao mundo, será responsável por ela pelo resto da sua existência. Mas a minha experiência é somente minha, assim como será a minha jornada na maternidade. Desejo que a minha filha tenha todo o suporte do mundo para que ela seja o que sonhar ser.

Laura, obrigada por mudar nossa vida para sempre. Nós te amamos,

Mamãe e Papai

Acima, em Benfica,
na minha primeira casa.

Abaixo, brincando com
minha mãe, Maureny, e no colo
de meu pai, Cláudio.

Na primeira foto, com minha avó Maria Helena no meu aniversário de um ano.

A seguir, na escada da casa de Benfica e, à direita, na Escola Estadual de Dança Maria Olenewa.

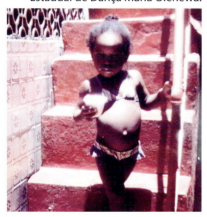

Acima, me apresentando com o projeto Dançando para Não Dançar na Quinta da Boa Vista.

Abaixo, como uma das fadas na apresentação do balé *Bela Adormecida*, também com o projeto.

DO ARARÁ PARA OS EUA

A bailarina Ingrid dos Santos, 19 anos, moradora da Favela Parque Arará, em Benfica, acaba de ser aprovada na Dance Theatre of Harlem School, em Nova Iorque: "Vou fazer meu nome e trazer meu conhecimento às crianças." PÁG.

Reportagem que saiu no jornal quando ganhei a bolsa para estudar na Dance Theatre of Harlem, em Nova York.

À direita, com minha mãe e meu irmão Bruno, em uma apresentação na Central do Brasil.

Abaixo, à esquerda, na escola Fernandes Bittencourt, estudando. E, à direita, prestigiando Mr. Mitchell em um evento em que ele foi premiado.

Ao lado de um pôster na porta do New York City Center e, abaixo, com minha mãe, em uma estação de metrô em Nova York.

Na outra foto, costurando sapatilhas e mais sapatilhas.

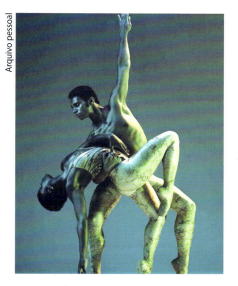

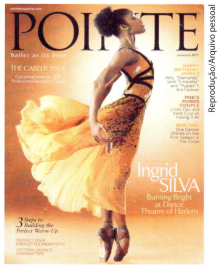

Dançando com Choong Hoon Lee o balé *Dialogues*, de Glen Tetley Christina Johnson e Donald William. E, ao lado, na minha primeira capa de revista, na *Pointe Magazine*, uma das mais importantes publicações internacionais do mundo da dança.

Abaixo, representatividade e carinho: minhas Barbies negras.

Bethânia Gomes: amiga, minha coach de balé e uma das "vovós" da Laura.

Abaixo, pintando a sapatilha, prática que precisei realizar durante dez anos. E, ao lado, a base da marca Black Opal, que usava na pintura.

Capa da *Vogue Brasil* em 2020, um dos momentos mais marcantes da minha trajetória! E meu primeiro trabalho com a Laura — ainda na barriga.

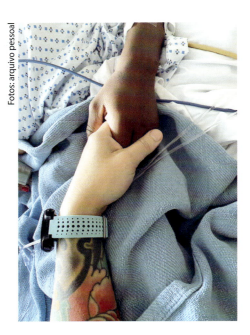

Obrigada, Fer, por estar
ao meu lado em um
dos momentos mais importantes
da nossa vida!

Abaixo, este picolé, após 23 horas
de trabalho de parto, foi uma das
minhas grandes alegrias!

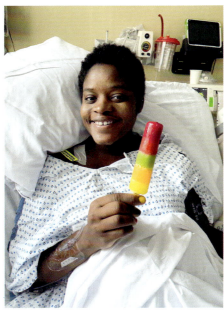

Fotos: arquivo pessoal

Adoro fotos de antes e depois.
Acima, na primeira, estava no oitavo mês
de gestação. Na segunda,
carregando Laurinha, com cinco meses
de idade. Que evolução!

A maternidade ensina muito.
Ao lado, com Frida e Laura:
amores da minha vida!

Em 2021, fui ao Brasil e, finalmente, a Laurinha conheceu os avós!

A seguir, com minha mãe e Bruno num passeio de lancha em Búzios.

Laura e eu antes de ela me assistir dançar pela primeira vez.

Abaixo, já dançando o solo de *The movement of Motherhood*, criado por Tiffany Rea-Fisher. A apresentação aconteceu em 10 de maio de 2021, no iHeartDance NYC.

A sapatilha que mudou meu mundo

Acima, acompanhada das minhas fiéis escudeiras, escrevendo este livro com todo amor e carinho.

Laura, você mudou minha vida para sempre! Gratidão.

Na página seguinte, a primeira vez da minha princesa no Central Park. Amamentar é um ato de resistência.

Talitha Ramos

O que é ser mãe hoje?

VÁRIAS VEZES, ME PERGUNTO SOBRE o que é ser mãe hoje em dia. Nós, mulheres, mudamos muito desde que o mundo é mundo. São gerações diferentes, criações diferentes e educações diferentes. Cresci com a minha mãe dizendo: "Dediquei a minha vida a vocês!". E só tenho a agradecê-la por isso. Afinal, sem ela, Bruno e eu não seríamos quem somos hoje. Ela foi e é essencial na nossa vida e na nossa formação. No entanto, isso me faz refletir sobre o que ela deixou de fazer por nossa causa. Quais eram seus desejos?

É importante dizer que ela escolheu ser mãe e nos desejou muito, mas, honestamente, sua vida mudou após se tornar mãe. Minha mãe sempre foi muito destemida, e aprendi a ser assim com ela. Ela praticava esportes, corria, mas não chegou a correr profissionalmente. Isso sempre foi a sua paixão, além de ser uma pessoa muito vaidosa e linda, como vejo nas fotos antigas.

Eu sei o que é amor de mãe, senti isso pela primeira vez quando olhei nos olhos de Laura. Antigamente, eu dizia que não seria igual a minha mãe, mas não podia deixar de refletir sobre aquela frase — "Dediquei minha vida a vocês!" —, que considero muito potente e, de certa forma, pesada e cheia de responsabilidades na vida de um filho.

Hoje, sou mãe e não devo julgar a frase da minha mãe, mas me pego pensando em tantas coisas que ainda desejo fazer e como vou escolhê-las da melhor maneira.

Durante a minha gestação, por exemplo, passei por um dilema na minha vida profissional. Em função da pandemia, minha companhia teve que adaptar as aulas para que fossem realizadas em casa. Essa adaptação ocorreu durante quase todo o ano de 2020. Depois de uma ótima oportunidade, a companhia conseguiu reunir os bailarinos, devidamente testados, e levá-los para um *bubble* — espécie de "casulo". Todos os testes deram negativo para a covid e, além disso, a companhia estava seguindo os devidos protocolos de segurança.

Eu não pude ir, estava com 35 semanas. Apesar de estar bem, sempre tendo acompanhamento médico, minha diretora optou por não permitir que eu participasse. É claro que entendi os motivos, mas no momento fiquei extremamente chateada e senti como se a frase da minha mãe estivesse me rondando. Chorei por dias, e não sei se você me compreenderia. Entendo que todos queriam me preservar, porém eu só queria dançar. Foi um ano muito difícil para todos nós, eu já estava isolada o bastante em casa, dançava dentro de casa e, óbvio, que não era igual a dançar em um estúdio de balé. Eu queria estar de volta ao meu ambiente de trabalho, com meus colegas. Iria ao *bubble* apenas por uma semana, este era meu pedido. Na minha cabeça seria perfeito, vou com o grupo, faço as aulas. Ficaria perto dos meus colegas como se fosse um "até logo" à dança.

No fim, acabei fazendo meu próprio *bubble* com a Bethânia, minha coach; e a Frida, minha cachorrinha, que me acompanharam durante toda minha gestação. Conversei com a minha diretora e sugeri um plano em que eu continuaria fazendo aula mesmo que à distância. Ela abriu o prédio para que eu pudesse fazer as aulas e me mantivesse em forma. Acabei criando meu próprio horário de aulas, a Bethânia criou o *maternity ballet method*, que foi uma aula e um acompanhamento modificado de treino durante a minha gestação.

Acho que aquela situação de eu não poder ir foi um sinal de que a frase da minha mãe, sobre abrir mão de algumas coisas em razão da maternidade, estava chegando mais rápido para mim do que eu poderia prever. E tudo bem, sabe, acho que precisei viver aquilo para entender e perceber que poderá acontecer mais vezes. Mas, sinceramente, eu não estava preparada.

Quero poder incluir a Laura na minha profissão e na minha carreira, ela é a minha prioridade. No entanto, por mais que possa parecer egoísmo para algumas pessoas, não quero perder a minha essência. Afinal de contas, não sou só mãe, sou também uma mulher com desejos e objetivos, e isso é o que me tornará a melhor mãe que poderei ser. Desejo que minha filha aprenda com o meu exemplo a nunca desistir dos seus sonhos.

Após o nascimento da Laura, pensei em quando deveria voltar ao trabalho. Quando é o momento certo? Queria passar a maior parte do tempo com ela e criar aquele laço entre mãe e filha que existirá para sempre. E sinto que criei esse laço entre nós e que ele é indescritível! A melhor coisa do mundo.

O pós-parto tem sido uma jornada de descobrimento. Após o nascimento da Laura, demorou três meses até que eu voltasse às minhas atividades, por diversas circunstâncias. Ser mãe é um *full time job real*!

Os primeiros dias em casa depois de sair do hospital foram os mais difíceis para mim. Eu não conseguia me sentar direito, ir ao banheiro, tomar banho, comer. Tive muito cansaço no período em que estava me acostumando com a rotina de amamentação e de a Laura dormir. Esse é o puerpério que tanto ouvi e que tantas mães falavam. Momentos de muita felicidade, mas também de muito choro e resiliência.

Eu só tenho a agradecer ao meu marido, que foi uma pessoa incrível. Ele cuidou de tudo, e eu só me dediquei à amamentação e ao laço maternal. Tive o privilégio de poder ter ele em casa nos primeiros quatro meses de vida da Laura (nós sabemos que a realidade de muitas mães não é essa). Isso foi essencial para mim, para nossa união, aprendizado e confidência. Nunca cuidei de uma recém-nascida sozinha antes, então esse apoio foi fantástico, especialmente por não ter tido o apoio da minha mãe, que não pôde vir por causa da pandemia.

Me questionava sobre quando seria o melhor momento para voltar ao trabalho. Recebi algumas propostas, e resolvi esperar. No entanto, me sentia muito culpada por várias coisas. Como as mães dizem: "Nasce a mãe, nasce a culpa!".

Quando a Laura tinha três meses, fui convidada para fazer uma campanha no Brasil. Fiquei superdividida, sinceramente, mas eram poucos dias de trabalho, e tomaria todas as precauções possíveis. Fui e voltei! Isso influenciou em toda a dinâmica, que acabou sendo restabelecida ao retornar para Nova York.

Alguns meses depois, meu marido teve que retornar ao trabalho. Na primeira semana, percebi como era difícil ficar sozinha com a Laura, não tinha tido essa experiência ainda. No entanto, sou persistente e sabia que era novidade, só precisava me acostumar e saber como funcionava. Era uma nova dinâmica na minha vida.

Além disso, eu também já estava de volta ao trabalho, fazendo campanhas, cuidando do EmpowHer New York, Blacks in Ballet, escrevendo meu primeiro livro e cuidando da Laura. Houve momentos em que achei que não fosse conseguir terminar o livro, chorei e tive um pouco de ansiedade, mas tive fé e perseverança porque eu não sou de desistir de nada! Me divido em mil pedaços.

Estava louca para voltar a dançar, mas ainda não estava liberada pela dra. Flávia, então esperei para retornar quando estivesse pronta e bem física e mentalmente. Finalmente liberada, tive que me estruturar da melhor maneira possível, em ordem, para que eu pudesse voltar. Passei por uma avaliação com a fisioterapeuta de assoalho pélvico, que descobriu a minha diástase.

Pois é, eu tive diástase, que é algo bastante comum em boa parte das mulheres após a gravidez; não é porque sou atleta que estou livre de nada. A diástase abdominal é um afastamento dos músculos abdominais e do tecido conjuntivo, que geralmente acontece durante a gravidez. Esse afastamento pode chegar a dez centímetros de distância e se deve à fraqueza do músculo abdominal, que fica muito esticado devido ao crescimento da barriga durante a gravidez.

Desde então, a Heather, que é minha fisioterapeuta, tem feito meu acompanhamento com sessões de uma hora. Passo por avaliação, constituída de uma série de exercícios focados na área abdominal para que o músculo se recupere e volte ao normal.

Parte dessa minha recuperação é composta de outras atividades, como yoga. Praticando yoga, tenho me encontrado. Esse negócio de meditar e ouvir o silêncio de dentro para fora é muito difícil, estou sempre em constante movimento. Fabiana Vaitkunas, que é minha professora de yoga, amiga e fundadora do @_espacoshanti, conduz uma atividade específica para as minhas necessidades. E tem me ajudado muito!

Outra coisa que tenho feito também, e que não fazia antes com frequência ou com propósito, é ser acompanhada por uma personal trainer. Minha amiga Carolina Lombardo tem me treinado na academia. Ela criou o método @bodybycarolina, que, definitivamente, tem me feito suar. É desafiador, mas muito bom.

Por último, o que tenho feito desde o início da gravidez, como mencionei, são as aulas de balé, as quais têm me mantido superbem. A Bethânia tem me acompanhando no pós-parto também.

Essa jornada com o meu corpo tem sido de altos e baixos, porém tenho paciência e sei que tudo ocorre no devido tempo.

Eu fui convidada para dançar no dia 10 de maio de 2021 no iHeartDance NYC. Jamais achei que fosse voltar aos palcos tão rapidamente. Foi uma surpresa linda o convite, então entrei em contato com uma coreógrafa incrível, a Tiffany Rea-Fisher, com quem já queria trabalhar antes, mas não tinha conseguido por causa de agenda. Ela queria criar um solo que falasse sobre a maternidade, e eu achei maravilhosa a ideia de expressar na dança esse momento que estou vivendo.

Começamos os ensaios uma semana antes da apresentação. Compartilhei com ela meu ponto de vista e minha vivência da maternidade, e ela resolveu usar meu depoimento como música! Pela primeira vez na carreira, dancei ao som da minha voz. Achei interessante e, ao mesmo tempo, tão potente! O solo tinha três minutos. Morri de medo, mas foi muito mais acolhedor do que eu imaginava. Desde o momento em que entrei no estúdio para começar os ensaios, a forma como ela me tratou e olhou para meu novo corpo foi bem diferente do que estava acostumada — ela também é mãe, naquele momento, estava à espera de sua primeira filha.

O resultado foi uma coreografia linda, inspiradora, que me fez crescer como artista. Chegado o dia da apresentação, meu marido foi comigo e, como estou amamentando, a Laura também. Entre estar no palco, me maquiar e ficar pronta para a apresentação, amamentei-a e pensei "Caramba! É a primeira apresentação que a Laura vai me ver dançar!". Eu estava pronta, cabelo arrumado, maquiagem e meu batom vermelho. A roupa para a apresentação foi feita pelo meu amigo Diego (@empiretiaras), que fez um lindo vestido laranja, confortável e perfeito para o meu tom de pele. Isso também é importante: vestir algo com que você se identifique e ame. Diego é craque nisso!

Na hora de subir ao palco, eu estava com o "coração na boca", supernervosa. Porém eu havia esperado muito por aquele momento, não estava acreditando. Subi, fechei os olhos, respirei profundamente e comecei o solo. O palco era no terraço do The Empire Hotel, em Nova York, um local que eu sempre quis ir e, até então, nunca tinha conseguido. Primeira vez no terraço e ainda dançando, não poderia ter sido melhor!

O solo acabou, dancei com todo o meu coração, e no fim, nos agradecimentos, me emocionei e chorei. Esse dia estará para sempre na minha memória como um dos mais importantes da minha vida!

Depois dessa experiência, tenho respeitado meu corpo e honrado o poder que ele tem. É um processo transformador, e que ele continue florescendo na minha jornada.

Entendo que para muitas mães não é fácil. A realidade do Brasil e de outros países obriga-as muitas vezes a escolher entre maternidade e carreira. Sem suporte, é muito mais complicado. Mas há esperança no poder da mudança. Temos que ser positivos. Eu defendo que nós, mães, podemos ser tudo o que quisermos ser. Nunca desista dos seus sonhos, há jeito para tudo. Você, que é mãe, é incrível, competente e imbatível! Você trouxe vida a este mundo, então não há nada que você não possa fazer.

Amor e amor!

DESDE QUE ME ENTENDO POR GENTE, nunca tive problemas em vivenciar o amor. Ele sempre foi tão exposto na minha casa, em todo o cuidado, o carinho e a atenção. Amor sempre esteve presente na minha vida pessoal e nos meus relacionamentos com amigos. Sempre tive um espírito materno, de cuidar das pessoas à minha volta. Esses cuidados só me ensinaram que o amor é simples assim.

Sei que essa não é a realidade de muitas pessoas que crescem sem amor e não sabem o que é isso. Bom, eis que, pela primeira vez após seis meses, resolvi fazer um trabalho mostrando o rosto de Laurinha em uma campanha de fralda. Esperei o momento certo e quando eu me sentisse confortável, sem a pressão das redes sociais. Tudo ao meu tempo!

Laura é amável e já nasceu com muito amor, fruto de uma relação forte e de um sentimento inigualável. Nós a desejamos muito desde sempre. Como falei anteriormente, meu marido e eu desejávamos muito uma menina. E ela veio!

A Lau trouxe muito amor, luz, paz e ensinamentos para a nossa vida. Minha vida pessoal é muito particular para mim, nas minhas redes compartilho mais sobre trabalho. Vira e mexe, tem uma foto aqui e ali do meu marido. Mas prefiro ter mais privacidade. Não acho que tudo tenha de ser exposto.

Quando fiquei grávida, levou sete meses para compartilhar sobre a minha gravidez com o mundo. A minha família, óbvio, já sabia. Na verdade, eu não ia falar nada, só quando ela nascesse. Aqui nos Estados Unidos, aprendi que ter um filho é muito pessoal. Quase ninguém posta sobre os filhos nas redes sociais. Afinal, é uma exposição que você não perguntou ao seu filho se ele queria ou não...

Levei seis meses para compartilhar o rostinho de Laurinha, e foi tudo feito ao meu tempo, sem correria e sem pressão. Quando ainda estava grávida, por não postar tanto sobre minha vida pessoal, ouvi muito: "Esse bebê é produção independente?", "Ela é mãe solo?", "Quem é o pai? Será que ela tem alguém?". Esses questionamentos me irritavam muito, e eu via muita curiosidade e o retrocesso das pessoas, principalmente de algumas mulheres.

Agora, pense comigo, uma mulher não pode ser bem-sucedida sozinha? Não pode ter um bebê sozinha? Ela só é aceita se tiver um marido? E se não o tiver? Ela não é bem-sucedida e feliz?

A mulher tem que ser o que ela quiser. Bem-sucedida solteira ou casada. O principal é ser feliz! Toda mulher merece ser feliz!

E assim que eu sou, casada, feliz e DONA DE MIM!

Nas redes sociais, a Laura nasceu, e mais questionamentos "dos fiscais de internet" vieram, como: "Nossa, ela é fenotipicamente clara?".

GENTE, ELA É SÓ UMA CRIANÇA!

Há também os "fiscais de Wakanda", e isso me incomoda porque esperava ter mais apoio dos meus. Um dia, uma pessoa questionou a linhagem e a ancestralidade da Laura.

Oi?! Ela só tem seis meses e uma vida inteira para criar a própria linhagem. Mas, claro, ela sempre saberá sobre seus ancestrais!

As pessoas perderam a noção. São abordagens tão sujas e sem discernimento. Sua vida pessoal não é da conta de ninguém, apenas da sua. Aliás, o termo "palmitagem" é ridículo. Então, vamos pensar aqui: negro só pode se relacionar com negro, e branco só com branco? Isso é segregação!

Já que lutamos por igualdade, por que vou me segregar? Que tipo de igualdade é essa? Todo mundo deveria ter o direito de decidir, sem julgamento. Não fui criada assim, e minha filha também não será. É isso que é o amor, simples e puro.

Agora, vamos mencionar outro assunto muito sério, que é a solidão da mulher negra. Infelizmente, como dados estatísticos comprovam, boa parte das mulheres negras, principalmente as de pele retinta, acaba por ficar, segundo a ativista Stephanie Ribeiro, em um "celibato definitivo", isto é, não consegue ter algum relacionamento amoroso ou mesmo se casar.[6] Sendo isso também consequência do racismo na sociedade. Me sinto extremamente triste por muitas não terem a experiência com o amor, mas essa não foi a minha realidade.

Tive a oportunidade de crescer e de ter amor, e é exatamente isso que quero passar para a Laura. Também sei que, talvez, não será a primeira vez que sofreremos ataques nas redes, mas eu já estava cansada de não botar isso para fora porque esses comentários ocorrem desde a minha gravidez. Mexa comigo, mas não com a minha família. Eu viro uma leoa!

No dia em que esse ataque aconteceu, me lembrei do que Emicida disse: "Os que ligam para isso não importam, e os que importam, não ligam. O projeto que nos rouba o direito de ser apenas seres humanos não teria tanto êxito se não encontrasse tantos cúmplices entre os que se dizem 'nossos irmãos'".

É exatamente sobre isso!

Cadê o tal do acolhimento? Fala-se tanto e se pratica pouco.

---

[6] STEVAUX, Débora. "A mulher negra não é vista como um sujeito para ser amado". *Claudia*. 30 nov. 2016. Disponível em: <https://claudia.abril.com.br/sua-vida/a-mulher-negra-nao-e-vista-como-um-sujeito-para-ser-amado/>. Acesso em: 7 jul. 2021.

Nem sempre vai ser do jeito que planejamos. E tudo bem!

Confesso que escrevi o título ao lado para mim mesma, mas acho que você também vai se identificar com alguma situação da sua vida. Me cobro bastante. E, naturalmente, muitas dessas cobranças vêm de planos. Como adoramos planejar o futuro, não é? Porém, na realidade, não temos controle sobre ele. O fato é que a vida não tem roteiro, certo? Por mais que planejemos, que queiramos algo e que tenhamos grande força de vontade, nem tudo vai sair exatamente como imaginamos. Temos que aprender — mesmo que frustrados — a tirar o melhor da situação.

Por que estou falando isso? Há quatro anos, tive uma lesão preocupante. Estava no ensaio da companhia com a Francesca Harper, coreógrafa maravilhosa, que estava criando um balé novo, contemporâneo.

Amo trabalhar com coreógrafos novos, é um dos momentos mais especiais para mim. Nós, bailarinos, ensaiamos todos os dias. No entanto, quando trabalhamos com coreógrafos diferentes, aprendemos danças novas, e é desafiador, muda a nossa sensibilidade, a nossa criatividade e crescemos como artistas. São pessoas novas, com ares novos, e que querem conhecer nosso modo de dançar — é lindo demais!

Estava eu, toda animada, aprendendo a coreografia nova. Nesse ensaio, fui par de um bailarino, na época bem inexperiente, que teve seu primeiro trabalho na companhia. Entre um passo e outro, a coreógrafa pediu que fizéssemos um movimento que eu tinha que me jogar nos braços do meu par. Quando você dança com alguém um *pas de deux*, tem que haver uma entrega dos dois lados; você tem que confiar na pessoa; e a pessoa, em você. Como eu estava bastante entregue ao trabalho, me joguei em seus braços e não imaginava que fosse sofrer uma das piores lesões da minha vida.

Durante o movimento, ele estava desconcentrado, olhando para o espelho! Exato, olhando para o espelho, e não prestando atenção. E isso me custou caro, porque machuquei as costas. Caí no chão sentada, e a queda fez um barulho altíssimo. Na hora, pensei: "Que merda!". Me deu uma raiva tão grande da falta de profissionalismo dele. Chorei bastante, pois senti muita dor e não conseguia me levantar, então alguns bailarinos foram me ajudar. O ensaio parou, todos me olhando, e eu naquela situação pensei: "Meu Deus! E agora?". Como minha adrenalina estava alta, não queria perder a oportunidade de dançar a nova coreografia e continuei no ensaio. Mas depois que o ensaio acabou e a adrenalina passou, ao chegar em casa minhas costas estavam doendo demais. Tomei um banho quente, tomei um analgésico, passei pomada para dor e nada: óbvio que a queda tinha sido feia.

No dia seguinte, resolvi ir ao médico. Chegando lá, o dr. Rose me recomendou fazer uma radiografia, e quando saiu o resultado ela falou: "Você tem uma torção nas costas!" — nem sabia que isso era possível. Saí de lá abalada e chorando muito, desacreditando que isso estava acontecendo.

É muito ruim quando você se machuca, mas quando você se machuca com uma certa idade pode ser perigoso. Eu poderia nunca mais voltar a dançar.

Com essa lesão séria passei dois meses sem dançar, fazendo fisioterapia. O médico pediu que eu não fizesse nenhuma atividade para que pudesse me recuperar. Imagine ouvir algo assim. Foi um dos momentos mais difíceis da minha vida. Mesmo sem fazer aula ou ensaiar, na minha companhia eles pedem que você vá ao trabalho para observar os ensaios. Eu tinha que ir e assistir, ficava sentada, olhando meus colegas ensaiando. Era bem difícil, porque eu queria estar com eles dançando. Foi como se a vida tivesse me dado um chacoalhão. Eu havia "perdido", ainda que momentaneamente, uma das coisas que mais amo: dançar. Senti que as coisas haviam saído do controle. Não era aquilo que eu tinha planejado. Não esperava que a lesão fosse acontecer, eu tinha tantos planos... Mas ali estava eu, perdendo semanas preciosas.

Então, por algum motivo, com o passar do tempo, comecei a pensar na lesão como algo passageiro — que, de fato, era! E percebi que, de certo modo, a vida me apontava, sim, um caminho: a dança é a parte nobre de quem sou. É a dança que me alimenta, que alimenta minha alma. Tive que fazer essa "pausa" para colocar as coisas em perspectiva. Tive que me afastar do que gosto para dar mais valor — é óbvio que dou valor a minha profissão, mas mesmo quem faz o que ama às vezes vive momentos como esse —, aquele velho ditado sobre só dar valor quando se perde algo!

Assim, aos poucos, fui aprendendo que, não, as coisas não vão ser o tempo todo como eu quero que sejam ou como planejei. Mas, ao mesmo tempo, me senti grata. Percebi que tinha muito a agradecer e pouco a lamentar. Reclamamos demais às vezes, e meu acidente talvez tenha sido um sinal. Afinal, havia sido uma lesão tratável, então logo estaria bem e voltaria a dançar. Depois disso, sinceramente, nunca mais planejei nada. Já falei sobre isso antes nas minhas redes sociais. Hoje, sou como a música de Zeca Pagodinho: "Deixo a vida me levar".

O importante é saber que existem muitas possibilidades de situações inconvenientes e não planejadas acontecerem, mas, no fim das contas, elas vão nos ensinar muito.

Uma rede de suporte

Depois de passar a ter uma presença mais forte nas redes sociais contando o dia a dia da minha transição capilar, falando sobre o balé e tendo um diálogo mais ativista, além de relatar a minha jornada na maternidade, percebi que muitas meninas e mulheres me escolheram como referência.

É uma responsabilidade. Nas redes sociais, com muitas cobranças às vezes, gosto de lembrar que sou uma pessoa normal como qualquer outra, que tem seus altos e baixos. Além disso, penso o seguinte: se na minha adolescência eu tivesse tido o exemplo de uma mulher negra em posição de destaque para me inspirar, tudo teria sido mais fácil. Sem dúvida, teria tido mais consciência e coragem para ser quem eu quisesse e assumir meu lugar no mundo desde cedo.

Recebo, diariamente, inúmeras mensagens — além dos comentários nas redes. É uma troca boa. Faço questão de interagir com todos sempre que consigo porque acho importante me aproximar das pessoas que admiram meu trabalho e mostrar a minha gratidão. Mas às vezes há também as mensagens invasivas, e eu não gosto quando as pessoas são invasivas. Em algumas ocasiões, tenho problemas com isso, não é legal, é desconfortável. Eu sei que tem muitas pessoas que vivem dessa exposição, nada contra quem gosta disso, contudo sou bem reservada para alguns assuntos. Acredito que nem tudo da minha vida precisa ser exposto.

Há adolescentes e jovens que me procuram; mães de crianças negras que estão começando na dança; mulheres que sonhavam em ser bailarinas e que, por algum motivo, não foram; e mulheres de outras profissões, que de algum modo se identificam com minha trajetória.

E sobre o que mais me perguntam nas redes sociais? Há dois temas principais: sapatilhas e cabelo natural.

Sobre as sapatilhas, as perguntas são: "Como pintar as sapatilhas?"; "Como comprar sapatilhas da cor da pele negra?"; "Como customizar a sapatilha da melhor maneira?". No capítulo "A sapatilha" abordo essas questões.

Com relação ao cabelo natural, no balé e na vida o cabelo é o nosso cartão de visita. Por isso, cada um tem que amar o seu. Há vários vídeos no meu canal do YouTube e no meu Instagram em que ensino a fazer penteados lindos, incluindo o coque no cabelo afro. Além disso, já conversamos sobre isso no capítulo "O poder do meu cabelo".

Há dois anos, recebi uma mensagem muito legal de uma menina que fez um trabalho escolar sobre a minha história, a qual ela achou inspiradora. Depois dela, professores, estudantes e algumas escolas também entraram em contato comigo demonstrando interesse na minha trajetória. Para mim, ainda é surreal ver e pensar que estou em livros escolares!

E saindo agora do meio on-line e indo para o off-line, em 2013 estava com a companhia em turnê no Texas e recebi o convite de TaKiyah Wallace para fazer umas fotos de dança. Ela é a fundadora do Brown Girls Do Ballet. Meses após as fotos, ela me explicou sobre seu projeto e perguntou se eu gostaria de apoiá-la, e claro que disse sim. Então, ela me convidou para ser mentora. Desde 2014, sou mentora e oriento jovens bailarinas que participaram do programa Brown Girls Do Ballet. Algumas moram em Nova York, outras fora do estado, mas sempre conversamos, nos falamos por e-mail etc. Pergunto o que desejam, o que esperam com o balé, em qual escola querem ingressar, e aconselho. É muita responsabilidade guiar essas meninas, mas também é muito emocionante saber que eu posso dar esse suporte e ser referência para que elas sigam seus sonhos.

Em dezembro de 2017, fundei o EmpowHer New York com uma amiga que, na época, era minha vizinha. Eu já tinha a Frida e ela tinha um buldogue francês também, e nos conhecemos no parque, no Harlem, entre um passeio e outro. Nos conectamos e começamos a manter uma amizade. Após um tempo, mencionei para ela que queria criar uma plataforma para mulheres. Tive experiências de vida que mostraram que, muitas vezes, nós, mulheres, não tínhamos espaço e nos sentíamos inseguras. Ao ouvir minhas tias, minha mãe e as amigas, achei que seria justo criar uma rede de apoio que fosse real, e ela gostou muito da ideia, me apoiou e, assim, surgiu o EmpowHer New York.

Após um tempo, nossa vida tomou rumos diferentes, e segui com o projeto, que, desde a sua formação, conta com Elizabeth Ekpenyong e Carmela Vecchione — minhas amigas, elas são meu braço direito e fazem parte do conselho dessa instituição não governamental.

O EmpowHer New York foi criado para promover a vontade de mudança dentro das mulheres. O objetivo da plataforma sempre foi criar um ambiente seguro para as pessoas compartilharem sua história em uma zona livre de julgamentos, incentivando o diálogo em um termo empático.

Queremos abrir os olhos das mulheres para que encontrem força para transformar o que acreditam ser sua fraqueza em oportunidades de prosperar. Somos uma comunidade de criadoras de oportunidades, um combustível vitalício para mulheres que desejam se libertar de seu status quo e se tornar as protagonistas de sua vida. Ajudamos as mulheres a serem mais fortes, buscamos o alinhamento entre o coração, o corpo e a mente.

Nós temos também um time de voluntárias incríveis, que dedicam seu tempo para essa plataforma, tanto nos nossos eventos quanto nos conteúdos digitais. Inclusive, umas das coisas de que mais gosto, além dos eventos em que nos conectamos, é o blog, cheio de histórias incríveis. Se você ainda não conhece, te convido a conhecer. Você vai amar!

Além desses projetos incríveis e de peso não só na minha vida, mas na vida de muita gente, no ano passado, por causa da pandemia e das situações revoltantes que a comunidade negra passou tanto aqui nos Estados Unidos quanto no Brasil, em 20 de março de 2020 fundamos o Blacks in Ballet, que surgiu após muitas reflexões sobre o mundo da dança e a diversidade mínima ainda existente nesse universo.

Sofremos um apagamento histórico constante, especialmente quando se fala de bailarinos negros. Por exemplo, só fui ouvir falar de Mercedes Baptista quando eu tinha dezessete anos e de Bethânia Gomes quando eu tinha dezoito. Muito, mas muito tarde. Por que não as conheci antes?

Estamos aqui para mudar essa realidade. Eu, Ruan Galdino e Fábio Mariano fundamos o Blacks in Ballet com o objetivo de dar destaque a bailarinos negros e compartilhar suas histórias. Cada bailarino negro tem uma formação diferente, um caminho e uma história diferente para contar, e é isso que a plataforma quer compartilhar com o mundo. A plataforma também é uma biblioteca digital que traz diversos conteúdos. Nós oferecemos oportunidades por meio de workshops, bolsa de estudos em companhias profissionais e ajudamos instituições a arrecadarem fundos. Nosso maior objetivo e sonho é um dia poder realizar, no Brasil, o maior festival de dança de bailarinos negros do mundo.

Queremos compartilhar que, apesar de tudo pelo que possamos ter passado, existem muitos bailarinos negros incrivelmente talentosos vivendo seus sonhos, dançando em companhias profissionais e obtendo sucesso; e eles podem ser a inspiração para muitos outros. Nenhuma ação é muito pequena quando se trata de mudar o mundo.

Além de todos esses projetos de que faço parte, também dou aulas e sou coreógrafa. Dar aulas, isto é, passar conhecimento, é uma das coisas de que eu mais gosto. Não tem nada mais potente que a educação por meio da arte.

Todos esses projetos, e os que estão por vir, estão relacionados a uma grande rede de apoio. Ninguém faz nada sozinho e, por isso, é muito importante construir uma rede de suporte, ter contato com pessoas em quem se possa se inspirar, se apoiar, e, por sua vez, ser também inspiração.

Desintoxicando o meu espaço

O MUNDO SÓ VAI SER UM LUGAR MELHOR quando nós fizermos dele um lugar melhor. É o que acredito! Vou explicar como cheguei a essa conclusão.

De um tempo para cá, falamos muito em toxidade nas relações e na vida. Pessoas, relacionamentos, ambientes de trabalho tóxicos. E, no geral, o mundo da dança é tóxico, assim como outras áreas. Sinceramente, nunca entendi o porquê de tanta competição e aonde isso ia levar; mas, para alguns professores de balé, por exemplo, ao instigar a competição entre as bailarinas, ambas dariam o melhor de si para "ganharem" o papel que tanto almejam ou o espaço que tanto sonham. Na maioria das vezes isso funciona, porém de maneira muito errada.

Sabe o que essa rivalidade, essa competição, causa? Ansiedade e estresse, que são extremamente desnecessários. Logo, isso se torna algo insustentável com fofoca, briguinhas, rixas, manipulação e abusos. O que era para funcionar como "alavanca" acaba se tornando um poço sem fundo de ego, de tempo perdido, de gente querendo puxar o tapete do outro e de pessoas que ficam doentes física e mentalmente.

Acho que a minha maior adversária sempre fui eu mesma, no entanto já me peguei em situações de competição, como qualquer outra pessoa no mundo da dança, e houve momentos em que até cortei relações em função disso. Quantas vezes fiquei mal física e emocionalmente sem motivo aparente! Quantas vezes sofri! Quantas vezes vi amigos e colegas sofrendo!

Já bastam a ansiedade e a excelência que cobramos de nós mesmos diariamente. E, infelizmente, o clima ruim que se forma afeta a rotina e os relacionamentos que estão também fora do ambiente de trabalho. É como um enorme ciclo de mal-estar, e nada escapa dessa toxicidade.

Confesso que já passei por várias situações inconvenientes, por exemplo, de elogios no meu ambiente de trabalho — e às vezes na vida. Por mais que a percepção e a vivência da minha experiência seja a palavra final do que é o meu trabalho, às vezes um elogio externo, de outras pessoas, soava meio estranho e me colocava na defensiva, me deixando desconfiada: "Aquilo que me falaram é real? É do coração? Aquela pessoa torce por mim?".

Então, fica o questionamento: para que serve um ambiente tóxico? Não serve para mim, não serve para você. Não serve para a vida!

A produtividade tem, sim, a ver com a felicidade.[7]

Cabe a nós, da nova geração, tornar este um mundo mais feliz, menos tóxico, mais saudável e melhor. Basta pensar: se nós alimentarmos a rivalidade, fizermos fofoca, se causarmos intrigas, também seremos tóxicos e também estaremos ajudando a criar um ambiente desequilibrado. Algumas dicas simples, que trago em mente, para tentar melhorar o ambiente ao meu redor são:

- Não tenha medo de elogiar um colega que fez algo realmente bom.

---

[7] Existem pesquisas nesse sentido, como um estudo da Universidade de Warwick, no Reino Unido, que garante: funcionários felizes no trabalho são 12% mais produtivos, enquanto os infelizes são 10% menos produtivos. Até para aqueles que só pensam em dinheiro, a equação é simples: mais felicidade, mais grana.

- Você não é perfeito(a). Peça ajuda se estiver com dúvidas ou problemas.

- Se puder, ajude alguém que está com dúvidas ou problemas.

- Dividir o que você sabe só vai fazer bem. Não ache que suas experiências e seus acertos precisam ficar guardados consigo. Um conhecimento não passado para a frente morre com você.

- Se estiver em um dia ruim, tudo bem admitir isso para quem trabalha diretamente com você.

- Se puder fazer algo para melhorar o dia de uma pessoa que está tendo um dia ruim, faça.

- E, por fim, seja positiva(o), porque a positividade só atrai energias boas!

Sonhos
que nos movem

Sonhar sempre foi essencial para mim. Gosto de pensar nas possibilidades e estar aberta para novos caminhos. Vou contar, agora, um fato que sempre vai me transportar para minhas raízes. A casa dos meus pais, em Benfica, era bem pequena. Nós tínhamos sala, cozinha, banheiro, o quarto da minha mãe e um cantinho em que cabia um beliche que era, na verdade, o quarto que eu dividia com meu irmão Bruno. Ele dormia na parte de baixo, eu em cima.

Às vezes, quando chovia, alagava dentro de casa. A água subia pelo ralo do banheiro. Era um saco! Nunca chegamos a perder nada, mas era bem complicado. Quando chovia, já sabíamos que era para ficar em alerta.

Naquela época, eu adorava ler jornal, especialmente a parte em que havia aqueles encartes de promoções das Casas Bahia. Eu pegava um papel branco, colava nele os recortes de cama, de armário, e montava meu quarto. Deveria ter cerca de dez anos, aquilo estava muito fora de nosso alcance, mas eu me permitia sonhar.

Quando ia ao shopping, pedia para minha mãe que entrássemos nas lojas de móveis, justamente para ver os quartos decorados. Me encantava com aqueles ambientes, era até meio coisa de novela na minha mente. Além disso, sonhava com uma varandinha. Assim, coloquei na cabeça: "Um dia, terei o meu espaço. Um dia vou escolher a minha cama e o meu armário. Vou pintar a parede da cor que quiser. Vou ter um vaso com flores. Um pôster de dança, talvez?". Era um sonho. E eu me lembro da delícia que era sonhar com isso. Meu sonho sempre foi ter meu quarto.

Quando me mudei para Nova York, como contei, passei meus primeiros anos dividindo quartos, mas nunca perdi a vontade de ter meu próprio cantinho. Continuei tentando e tendo fé de que ia dar certo. Em 2010, finalmente estava procurando por um espaço só para mim, entre várias visitas até achar o lugar perfeito. Eu fui ao último lugar, após ter visitado vários, e o corretor me mostrou o apartamento onde moro atualmente ainda em construção, não tinha nada pronto.

Nunca vou me esquecer da frase dele: "Imagina que aqui é a sala, o quarto, a cozinha, o banheiro". Pensei: "É este mesmo!". Não sei por que, mas esse apartamento me chamou a atenção, e me conectei. E aí me mudei para o meu tão sonhado apartamento. Mesmo sendo alugado era meu, meu!

Foi inesquecível o dia em que entrei no meu apartamento, carregada no colo igual a uma recém-casada! Tinha que ser assim, senão não teria graça. Ah, meu lindo apartamento no Harlem… Quando o decorei pela primeira vez, dei uma cara nova para aquele espaço. Finalmente, meu próprio quarto! Comprei minha cama, meu armário — o tão sonhado armário. Era um sonho, e ele se realizou.

O sonho da minha mãe era ter uma casa maior, já que onde fui criada era muito pequena, mal dava para nós quatro. Minha mãe e meu pai se separaram alguns anos atrás, mas compraram uma casa no mesmo beco, na comunidade. A casa precisava de uma boa reforma. Na época, eu não tinha condições de ajudar nas obras, mas sempre que podia mandava um dinheiro para contribuir. Em 2019, trabalhei muito porque minha meta era ajudá-los a construírem a casa nova. Todo dinheiro que recebi mandei para a obra. Recentemente, em 2020, pude também ajudar minha mãe a realizar o sonho de ter a casa própria. Meu irmão e eu construímos a tão sonhada casa. Agora, com muito mais espaço, há quartos para todo mundo — até para mim, meu marido e a Laura! Eu fui pela primeira vez à casa nova em fevereiro de 2021. Como fui ao Brasil a trabalho, resolvi fazer uma surpresa para minha mãe, ela precisava conhecer a Laura. A casa nova estava linda, só que não tinha móveis. Como assim? Minha mãe não havia me falado dessa parte. Assim, quando entrei, vi que faltava quase tudo. Só havia o basicão mesmo. Então a levei a uma loja, onde sempre comprávamos tudo com muito sacrifício e no crediário. Comprei tudo o que faltava à vista e fiquei muito feliz que, graças a tanto esforço e trabalho que tive, pude proporcionar isso a ela. Agora, nossa casa e nosso espaço estão do jeito que sempre sonhávamos. É um espaço nosso!

Meu próximo sonho é comprar a minha própria casa. Eu tenho fé que vou conseguir. É tão gratificante quando você conquista algo seu e também pode ajudar alguém a ter a mesma sensação. Me sinto grata pela educação, pelo amor e pela perseverança de nunca desistir dos meus sonhos.

Meu pai

Família é algo que a gente não escolhe, não é? Cada um tem a sua, e, como diz a minha avó, todas são lindas no porta-retratos! Meu pai sempre foi uma pessoa presente na minha vida — sim, sou a *daddy's girl*. Além disso, não sei explicar, mas acho que há o fato de a menina geralmente ser muito próxima do pai. Tive e tenho uma admiração muito grande por meu pai. Ele sempre nos acompanhava nas consultas médicas, nos levava à escola e a outras atividades que tínhamos. Além disso, trabalhava muito, mas muito mesmo, para prover o sustento da nossa família. Meu pai atuou por anos na Força Aérea Brasileira, e me lembro de que toda sexta-feira íamos buscá-lo no trabalho — era uma festa! —, perto do aeroporto Santos Dumont. Havia uma orla com quiosques, e esperávamos por ele ali. Que lindas memórias tenho!

Meu pai me ensinou a ser essa mulher que sou hoje, teve certo cuidado em me ensinar a ver o mundo também por seus olhos e foi muito carinhoso, porém bem mais direto que a minha mãe. Quando pedíamos algo a ele, respondia: "Vai pedir para sua mãe" — parece que todo pai faz isso, certo?

Fui a primeira filha do casal, nascida em 1988. Fui muito desejada por eles. Minha mãe queria menina, e meu pai, menino. No entanto, no meu nascimento, ele ficou todo bobo e emocionado. Basicamente, nasci no samba, já que eles me levavam para todas as rodas de samba desde pequena. Ou seja, você já sabe de onde meu amor pela dança vem.

Como disse, meu pai trabalhava muito, mas nunca deixou de brincar comigo, ao chegar do serviço, e sempre "ajudava" nos cuidados comigo — veja, está entre aspas porque não se trata de "ajudar", mas sim de cumprir o papel de pai. Lembre-se, mamãe, o papai tem que cuidar dos filhos igualmente. Não é favor, e sim dever deles!

Cresci vendo um pai que, na minha cabeça, era e é incrível — mas ninguém é perfeito. Tive algumas decepções com ele ao longo da vida. Ele foi um ótimo pai, mas não foi um bom marido para minha mãe.

Meu pai e minha mãe se separaram quando eu tinha dezoito anos e me mudei para Nova York. O casamento deles estava complicado havia muitos anos — é engraçado como os pais sempre acham que filho não percebe nada —, então acho que o divórcio foi a melhor escolha para ambos. Cada um seguiu seu caminho, mas mantiveram um relacionamento de parceria para apoiarem a mim e ao meu irmão. Ele sempre esteve ao meu lado quando precisei.

Hoje, como avô, é emocionante ver seu amor pela Laura. Quando eles se conheceram, foi muito lindo! Esse momento me fez reviver várias lembranças com ele, o quão paizão ele é, o que valorizo muito.

Às vezes, minha mãe e ele brigam para ver quem vai pegar a Laura no colo, e, não sei como, mas ele tem uma técnica de vovô que a coloca para dormir rapidinho! Chega a ser engraçado, ela apenas deita em seus braços e deve se sentir superprotegida, pois logo adormece — mesma recordação que tenho dele quando criança.

Quero que ele construa o mesmo afeto com sua netinha, que possa transmitir-lhe a mesma criação e caráter que tem e vem me ensinando ao longo da vida.

Laura, saiba que seu avô é uma pessoa muito especial.

Meu irmão

COMO FALAR DA MINHA HISTÓRIA sem falar sobre meu irmão, que é uma pessoa incrível na minha vida desde pequena? Um belo dia, cheguei em casa e pedi para minha mãe um irmão... Ela me deu! Quem escolheu seu nome fui eu. Segundo minha mãe, eu tinha "um *crush*" num vizinho do bairro chamado Bruno e, por isso, gostava desse nome.

Ele nasceu em 1991, foi muito desejado e "chegou chegando", mudando a dinâmica da casa e sendo uma adição maravilhosa para nossa família.

Com apenas um pouco mais de dois anos de diferença entre nós, sempre fomos muito conectados e parceiros. Sentávamos na varanda de casa; ele batucando no balde, e eu sambando. Bons tempos em que somente éramos crianças, em toda nossa essência.

Começamos no balé praticamente juntos; eu com oito anos, ele com seis. Certa vez, minha mãe o levou para assistir a minha aula, ele se apaixonou pela dança e pediu para ser matriculado também. Além do balé, fizemos vários cursos juntos, como curso de modelo, de teatro, entre outras atividades.

Tenho muitas memórias engraçadas de irmã mais velha e protetora. Uma vez, por exemplo, corri atrás de um menino que queria bater no meu irmão. Ele era menor do que eu, e eu não ia deixar ninguém bater nele, então botei o moleque para correr. Hoje, quando nos recordamos de episódios assim, rimos bastante.

Bem, sempre fomos muito unidos, mas também brigávamos muito. Talvez seja coisa de irmão, certo? O tempo foi passando, e fomos amadurecendo. Aos poucos, cada um foi construindo seu caminho. Quando vim para Nova York, foi um dos momentos mais difíceis. A despedida no aeroporto foi extremamente dolorosa. Chorei a viagem inteira pensando em como ficaria longe da família e também em como o Bruno ficaria. Afinal, nossos laços eram — e são — muito fortes. Era nossa primeira vez nos separando.

Em 2008, ele se alistou na Força Aérea Brasileira. Seguiu carreira lá por um tempo. Depois de alguns anos, quando eu estava de férias no Brasil, fui fazer uma aula de balé para me manter em forma. Como fazia muito tempo que estava fora do Rio de Janeiro, ele me levou até a aula. Novamente estávamos ali, no mesmo ponto em que havíamos começado. No fim, ele disse: "Que tal se eu voltasse para o balé? O que você acha?". Eu achei o máximo e o apoiei. Então, ele conseguiu uma bolsa no Centro de Movimento Deborah Colker e retomou sua trajetória na dança após seis anos parado. Sempre muito talentoso, seu retorno foi mais tranquilo do que ele imaginava.

Ao longo de seu recomeço como bailarino, acabou se descobrindo também como modelo, atuando hoje nas duas profissões. Ao acompanhar o sucesso que ele vem conquistando, me sinto uma irmã orgulhosíssima! Recentemente, ele participou do clipe da Anitta de "Girl from Rio". É muito gratificante ver nós dois conquistando nossos objetivos depois de tanta luta.

Quando ele foi comprar o carro que sempre sonhou, pude ajudá-lo, e isso não tem preço! Não se trata somente de um bem material, mas o resultado de anos de estudo e de trabalho duro. Além disso, juntos, construímos a casa da nossa mãe, o que nos trouxe extrema felicidade.

Agora, como irmã e mãe, minha admiração não mudou, e vejo o Bruno como um "Super Dindo" e um tio babão com a Laura. Há um brilho em seus olhos quando ele vê sua sobrinha e uma ligação incrível entre os dois. O escolhi para ser o padrinho de Laura por diversos motivos, sobretudo porque sei que, caso eu não estivesse mais presente, ele seria excepcional. Certa vez, a Laura ficou doente, e ele me ajudou a cuidar dela. Ele sempre foi mais calmo e mais sensato do que eu, nervosa e chorona. Nunca vou me esquecer de todo o seu carinho e apoio. Até mesmo quando eu estava trabalhando, ele me acompanhou em todos os momentos e cuidou dela muito bem. O nível de conexão que certos irmãos têm um com o outro é tão poderoso, eterno e indescritível, e fico feliz por sermos exemplo disso!

Bruno, saiba que você é o irmão mais especial e carinhoso do mundo. Eu te amo e sou grata por ter você na minha vida. Sei que, juntos, somos mais fortes, e a nossa caminhada vai ser sempre unida por muito amor.

Frida Kahlo,
the frenchie

DESDE PEQUENA, SEMPRE SONHEI EM TER UM CACHORRO, mas minha mãe nunca deixava. Ela dizia que cachorro dá trabalho — e, realmente, dá trabalho! É como uma criança, é um membro da família. Assim, temos que cuidar, dar carinho e atenção. Mas jamais desisti do meu sonho de ter minha companheira ou meu companheiro de quatro patas.

Certa vez, fui visitar minha avó, e uma das suas vizinhas tinha um poodle. Ele era meio agitado, e sempre que subíamos as escadas do prédio ouvíamos seus latidos. Eu, a menina simpática, faladeira e amiga de todos, estava subindo a escada do prédio da minha avó Maria Helena, e chegando ao primeiro andar dei de cara com o cachorro, que havia escapado pela porta e veio direto na minha direção. Não sei o que me deu, mas fiquei com tanto medo que rolei escada abaixo! Depois desse dia, peguei certo trauma de cachorros. Mas quem disse que desisti do sonho de ter um?

Em outra ocasião, na escola, minha professora me ofereceu três tartarugas. Pensei: "Minha mãe disse que não posso ter cachorro, mas não falou nada sobre tartarugas".

Assim, cheguei em casa toda feliz, carregando uma caixa com três tartarugas. Minha mãe se assustou:

— Mas o que é isso?!

— São tartarugas, mãe! Não pode cachorro, mas de tartaruga a senhora não falou nada.

Ela ficou muito brava, porém deixou que eu ficasse com as tartarugas. Dei o nome de Tico, Teco e Pernalonga. Ter aquelas tartarugas foi um dos momentos mais importantes da minha infância. Afinal, eram meus primeiros animais de estimação, e eu cuidava muito bem deles: dava água, comida e levava ao veterinário quando achava que não estavam se sentindo bem. Todos amavam as minhas tartarugas. Eram a atração lá de casa quando as visitas chegavam.

O Bruno e eu amamos essas tartarugas. Digo "amamos", pois elas estão vivas até hoje. Dizem que as tartarugas podem viver muito mais do que o ser humano, e acho que as minhas vão viver para sempre!

Quando me mudei para Nova York, no início, ainda não tinha meu próprio espaço. No entanto, prometi para mim mesma que aquele sonho de ter um cachorro quando era pequena nunca ia se perder. Assim, ao conquistar meu apartamento, pensei: "Agora é a hora de ter o meu tão sonhado cachorro!".

Vivia conversando com meu marido sobre termos um cachorro, e ele sempre falava: "Mas você viaja muito, nós não temos tempo". E uma parte de mim sabia disso, mas a outra queria meu companheiro peludo e não abria mão dessa ideia. Acho que você já entendeu que, quando eu coloco algo na cabeça, não me canso até conseguir.

Uma vez, meu marido teve contato com alguns buldogues franceses, e se apaixonou. Logo imaginei: "É minha chance!", e então fizemos planos de um dia ter um macho, que se chamaria Orpheu. Mas tudo ficou naquela coisa de plano, do "Um dia, quem sabe?".

Em outro momento, decidi levar meu marido para ver alguns cachorros em Westchester. Antes, disse a ele: "É só para ver, tá?".

Mas eu sabia que voltaria com um cachorro. No local, vimos dois lindos, um macho fofíssimo e uma fêmea superenérgica, pulando um por cima do outro para chamar a nossa atenção. Mas a fêmea chamou mais. Ou seja: ela nos escolheu. E não teve jeito. Foi assim que, em 2014, Frida entrou — e transformou — nossa vida. A escolha do nome é um detalhe importante: Frida Kahlo é uma artista que eu amo e por quem tenho uma enorme admiração. Quando vi a Frida cachorrinha e reparei em sua personalidade, escolhi esse nome. Só faltava ter as sobrancelhas juntas, como a Frida humana tinha!

No dia em que escolhemos Frida — ou melhor, em que ela nos escolheu —, não voltamos juntas para casa, pois sairia em uma turnê no dia seguinte. No começo, meu marido não queria ficar com ela sozinho, até porque não havíamos nos preparado, não tínhamos comprado cama, potes etc. Mas tínhamos muita, muita vontade mesmo e amor por aquela coisinha linda.

Viajei e contava loucamente os dias para voltar a Nova York e ficar com a Frida. Mandava e-mail todos os dias para o lugar em que ela estava, para saber se ela estava bem e sempre recebia ótimas notícias. Quando voltei da turnê, fui direto encontrá-la. Voltamos de trem, com ela na bolsinha, ansiosa para chegar em casa. Ao chegarmos, a coloquei no chão da sala. Foi a cena mais LINDA da minha vida, não podia acreditar: ali estava o cachorro que eu tanto sonhei!

Ela cabia na mão e era tão espevitada! Tinha chegado havia tão pouco tempo em nossa vida, mas já estava mandando na casa. Ensinamos a Frida a andar com a coleira, a comer, a fazer xixi no lugar certo e todas essas coisas de "doguinhos". Ela nunca foi só um cachorro para mim, se tornou uma filha, um membro da família.

Frida me acompanha todos os dias no trabalho, e já trabalhamos juntas tanto em revistas como em comerciais! Ela é parte de uma história muito importante na minha vida e nem sei como descrever o amor que sinto por ela.

Além disso, Frida se tornou o amor de muita gente nas redes sociais. Todos perguntam sempre: "Cadê a @fridakahlothefrenchie?". Inclusive, criei um grupo em 2014 para unir apaixonados por buldogues franceses. Organizamos encontros aos fins de semana e viramos uma grande família. É engraçado como os animais podem unir pessoas desconhecidas dessa forma. Sou grata a ela por ter me apresentado a outro universo.

Em 2020, começou a pandemia, e nossa vida mudou. Mais do que isso, descobri que estava grávida da Laura. Ao receber a notícia, minha primeira preocupação foi: "E agora? Como a Frida vai se sentir?". Curioso, não é? Pensei nela antes de qualquer outra coisa — e eu sou do tipo de pessoa que pensa em tudo mesmo. Arrisco dizer que ela sabia, mesmo antes de mim, que eu estava grávida. Ela estava com um comportamento bem diferente e superprotetora comigo.

Então, durante a minha gestação, incluí a Frida em todas as atividades. Nunca deixei de pegá-la no colo por causa do seu peso ou da minha barriga. Ainda que estivesse cansada, não me incomodava fazer isso. Queria que ela soubesse que, mesmo com uma vida nova a caminho, ela também era parte dessa nova jornada. E foi assim durante os nove meses: juntas choramos, sorrimos, fomos ao parque e dividimos segredos e confissões.

Sem ela e sem meu marido, não teria sido possível uma gravidez com tanta tranquilidade. Como estávamos isolados, e eu havia escolhido ter apenas boas energias ao meu redor, eles me apoiaram, e foi uma experiência mágica.

Quando me internei no hospital para ganhar a Laura, Axie, uma amiga nossa que sempre cuida da Frida desde novinha, veio buscá-la. Axie é como se fosse a segunda mãe da Frida, e às vezes sinto até ciúmes disso... Mas sei que cuida muito bem dela e é de confiança. Queria muito que a Frida fosse com a gente, sabe? Ela também é minha filha e faz parte da família!

Passei três dias no hospital com a cabeça também na Frida, pensando em como ela receberia a chegada da Laura em casa. Sim, enquanto a maior preocupação do meu marido era se a bebê fosse alérgica a pelos, a minha era a de elas não se gostarem. Até porque, em nenhum momento passou pela minha cabeça doar a Frida por causa da irmãzinha que chegava. Isso, aliás, é impensável! Desejava muito que elas se entendessem.

Bom, então recebemos alta, chegamos em casa e... a recepção foi a melhor possível: Frida pulou no bebê conforto, onde a Laura estava, a cheirou sem parar e foi como se me dissesse: "Mãe, você trouxe a minha irmã!" — tenho o vídeo dessa cena guardado. Comecei a chorar aliviada com aquele encontro. Graças a Deus, tinha dado tudo certo.

A cada dia que passa, as duas vão se descobrindo. Algumas vezes, Frida demonstra ciúme, o que é algo inevitável, mas nós também estamos aprendendo a como dar mais atenção a ela nessa fase. Nos momentos em que a Laura precisa mais de mim e do meu marido e a Frida precisa esperar, acabo chorando por não poder dar a ela a atenção que merece ou como tinha antes. Essa adaptação está sendo bem difícil para mim, mas sei que tudo vai se ajustar com o tempo, é só ter paciência.

Sim, somente amor e paciência conseguem garantir um lar em harmonia. Além disso, agora tenho mais um ser importante na minha vida, e essas minhas duas filhas são uma das melhores coisas que me aconteceram. Pois é, Frida ganhou uma irmã, que adora dormir perto dela e fazer carinho nela. Quando estão distantes uma da outra, a Laura chora de saudades, e a Frida também. É tão lindo notar como elas se deram bem em tão pouco tempo!

Ao longo deste capítulo, você pode ter estranhado que eu chame a Frida de filha, mas explico: quando você tem um animal que te entende e te olha nos olhos como se já te conhecesse há anos e rola essa sintonia, ele não é apenas um bicho, mas sim um MEMBRO DA FAMÍLIA.

Frida, mamãe te ama! Obrigada por existir na nossa vida.

Querida Ingrid: uma carta para mim mesma

Escrevi esta carta para mim em 2019:

Querida Ingrid, seja bem-vinda a este mundo louco.
Prepare-se. Será uma vida linda, a jornada será cheia de
momentos felizes, mas tristes também; e alguns momentos que
serão difíceis, mas memoráveis, a tornarão tão forte.
Você teve uma ótima infância. Tantos amigos, tantas
lembranças. Seus anos de adolescente foram tão interessantes,
você foi a todas as festas que seus amigos fizeram. Por quê?
Você estava dançando.
Interessante, você nunca quis ser bailarina. Você queria ser
nadadora, e a vida te levou a uma direção diferente. Desde que
essa jornada começou, tem aprendido muito sobre disciplina,
paixão e dedicação. O balé fez você se apaixonar pela arte.
Nem sempre foi fácil, houve tantos momentos em que você
quis desistir por muitas razões. Mas você nunca desistiu,
graças ao apoio da família. Mudar-se para um país diferente,
era tudo novo.
Não falava inglês e até aprender uma cultura nova...
Corajosa! Sua jornada na dança não será fácil, provavelmente
será a única na sua turma a seguir uma carreira profissional, e
isso poderá ser solitário. Mas não desista. Você tem um propósito.
Obrigada por ser paciente consigo mesma e aprender a se
ouvir. Você está sempre nos 100% de energia. Sei que você é

tão enérgica, cheia de amor e destemida. Mas sei também que paciência é uma lição de vida para você praticar, e sua jornada está te ensinando a cada passo. Há muito mais que quero dizer a você, mas ouça, eu te amo e agradeço por nunca desistir de tudo aquilo em que acredita e que a vida te trouxe.

Ingrid Silva

A sapatilha

ANTES DE INICIAR A MINHA LINHA DE RACIOCÍNIO, trago questionamentos reais com relação ao Brasil. Por exemplo, quando tinha doze anos, meu sonho era dançar na companhia do Teatro Municipal do Rio. No entanto, eu não tinha referência de mulheres negras retintas na companhia. Hoje, com 32 anos, continua da mesma forma: não há uma bailarina negra retinta. E não falo apenas de lá. Outro exemplo é na São Paulo Companhia de Dança — que foi fundada há treze anos. Essas são as maiores companhias de balé clássico do Brasil.

Vamos aos fatos. O Teatro Municipal do Rio de Janeiro tem 112 anos, e ao longo de todo esse tempo, só houve treze bailarinas negras, sendo duas retintas. Na São Paulo Companhia de Dança, só houve dez bailarinas negras e somente duas retintas. Esses números são alarmantes e eles dizem muito por si só. Nós, negros retintos, não chegamos nem a 40% de representatividade nas duas maiores companhias do Brasil.

O máximo que se vê nessas companhias são negras de pele mais clara, pois existe uma absurda ideia de que se consegue "mesclar" com o corpo de baile. Mas uma negra retinta não. E isso seria um problema.

O fato é que o Brasil não é um país europeu e nunca vai ser. É um país conhecido pela diversidade, pela mistura. Sem contar que estamos no século XXI e ainda temos diretores de instituições que não contratam bailarinas negras retintas. Quando contratam, colocam-nas atrás, ou fazendo papéis separados, ou tendo que se pintar, em alguns casos. Quando isso vai mudar?

Esse tipo de realidade dura, desigual, antiga e ultrapassada precisa ser questionada. O racismo institucional precisa ser apontado, debatido.

Muitas vezes ouvi de diretores ou responsáveis por instituições que as bailarinas negras retintas não aparecem para as audições, ou que não existem, e por isso é difícil contratá-las. Como assim?

Existem, sim, e muitas, que, como eu, precisaram ter reconhecimento fora por não serem aceitas em seu próprio país. E as que não tiverem essa oportunidade fazem o quê?

Outro grande exemplo foi o de duas bailarinas, em dois festivais de dança no Brasil recentemente, que usaram a meia-calça e a sapatilha do tom da pele e foram desqualificadas por causa disso por um dos jurados. É tão absurdo e retrógrado ver esse tipo de situação acontecendo! E ver o quão atrasado está o Brasil no quesito balé clássico.

Agora, questiono: se isso não é racismo, qual seria a outra explicação?

Ao entrar para a Dance Theatre of Harlem, me deparei com mais um grande problema de representatividade sobre o qual nunca tinha pensado com tanta profundidade: a cor da sapatilha. Quando vim do Rio para Nova York, não entendia muito bem a importância disso — no projeto e em todas as escolas que frequentei no Brasil, usava-se meia-calça e sapatilhas apenas cor-de-rosa.

Como você que está lendo este livro provavelmente desconhece o motivo por trás desse hábito, eu também não sabia o que o envolvia. O ponto é que, para nós bailarinos, a meia-calça e a sapatilha são como a continuação do nosso corpo e, uma vez que o balé foi originado na Europa e idealizado predominantemente por pessoas brancas, a cor rosa era a mais próxima da tonalidade da pele branca e, por isso, foi adotada como modelo.

Creio que muita gente acha que a sapatilha rosa e a meia- -calça rosa são para combinar com o figurino de dança, mas não! Historicamente, não tem nada a ver com a roupa, e sim com a pele do bailarino.

Aprendi a pintar a sapatilha com o tom da minha pele aos dezoito anos. Os bailarinos na Dance Theatre of Harlem faziam isso desde 1970 por causa do caráter visionário de Mr. Mitchell, graças a um dia a bailarina Aminah L. Ahmad (Llanchie Steven-son) ter ido a um ensaio com meia-calça e sapatilhas na cor de sua pele. Após Mr. Mitchell tê-la visto, decidiu adotar o mesmo padrão na companhia.

Assim, ao consagrar o look da meia-calça e das sapatilhas da cor da pele de cada bailarina(o) de sua companhia, Mr. Mitchell estabeleceu que esse look faria parte de uma longa linha corpo-ral, sem a interrupção da cor rosa. Ele deu oportunidade para vários jovens negros no balé e desejava que o corpo de todos os bailarinos fosse aceito por sua técnica e talento, valorizando a diversidade.

Que ideia genial, não é? Além de inclusiva, pois imagine quantas pessoas assistiram às apresentações e se sentiram re-presentadas. Até mesmo eu, quando ingressei na companhia, em 2008. Como disse Virginia Johnson recentemente: 'Pur-pose is change!'. E é exatamente isso que a Dance Theatre of Harlem representa: propósito e mudança. Revolução.

A sapatilha "cor da pele", como chamavam aquela em tom de rosa, nunca me incluiu como bailarina. Afinal, era como se aquele objeto — tão importante para a dança — apontasse que eu não tinha a cor da pele para me tornar uma bailarina. Percebe como voltamos à questão da boneca negra?

Mas a adaptação não foi tão simples. Desde que me mudei para Nova York, tinha que usar o uniforme do Dance Theatre of Harlem, que era composto de meia-calça e das sapatilhas da tonalidade da minha pele. Desse modo, como mencionei, passei a pintá-las como os outros bailarinos da companhia.

Foram longos onze anos praticando esse "ritual" cotidiano. O processo demorava uma hora e era superterapêutico, mas havia dias em que eu ficava de saco cheio, principalmente quando precisava das sapatilhas com urgência. Usava uma base líquida de maquiagem da marca Black Opal, na cor Ebony Brown, que no início custava dez dólares, mas que depois foi encarecendo. Quando ingressei na companhia, não fui reembolsada de imediato por esse gasto com a pintura, então imagine quanto dinheiro gastei. Ou seja, no fim das contas, tratava-se de um desperdício de tempo e de dinheiro, com uma boa dose de questionamentos que rondava minha cabeça: "Estamos no século XXI, e por que ainda não existe uma sapatilha da cor da minha pele?".

Então, em outubro de 2018, após refletir mais uma vez sobre toda essa trajetória, resolvi entrar em contato com a Freed of London, fabricante de sapatilhas, depois de ter recebido a notícia de que a marca havia lançado três sapatilhas de tonalidades diferentes, relacionadas à cor da pele do bailarino. Contei a minha história e questionei se poderiam produzir um par de sapatilhas no tom da minha pele. Eu usava Chacott há mais de onze anos, que faz parte da marca Freed of London.

Naquela mesma época, vinha acompanhando que algumas marcas estavam criando sapatilhas de outras tonalidades para ampliar a diversidade dos seus produtos. Defendo, sim, que as marcas devem estar abertas à diversidade. No entanto, se elas não se movimentarem na velocidade em que o mundo demanda, exija você mesma(o) a mudança — sendo você profissional da dança ou não, pois isso vale para todas as áreas: consumo, moda, entretenimento ou qualquer setor que te afete diretamente e que pareça não se "lembrar" da sua existência.

E então recebi da Chacott uma resposta positiva! Mas foi um processo de um ano, entre e-mails, até que elas ficassem prontas. Finalmente, conquistei as sapatilhas da cor da minha pele em novembro de 2019, e foi emocionante, uma sensação de dever cumprido, de revolução! Estou vivendo, na pele, a diversidade no mundo da dança. E a vitória não é somente minha, e sim de muitas futuras bailarinas negras que virão por aí.

Mesmo assim, o acesso a essas sapatilhas ainda é difícil, pois muitas marcas nos Estados Unidos somente agora estão incluindo mais tonalidades, e mesmo assim a sapatilha do tom da pele é muito mais cara. Dependendo da marca que a pessoa usa, não há sapatilhas com mais tonalidades.

No Brasil, nem se fala… algumas escolas não fazem o uso de sapatilhas de tonalidades do tom da pele, e as marcas que as têm são pouquíssimas — apenas duas disponibilizam. Quando há, é quase impossível de comprá-las porque custam uma fortuna. Me pergunto: por que a resistência em incluí-las no mercado brasileiro e disponibilizá-las para que os bailarinos brasileiros usem? O que está faltando para que as marcas, escolas de dança e companhias caminhem juntas nessa mudança?

Não adianta dizer que "entende" e tem empatia se não põe em prática, ou seja, não adianta colocar bailarinos no cartaz com meia e sapatilha do tom de pele, e não no palco.

Meu sonho é um dia criar a minha própria marca de produtos para a dança, que vai incluir sapatilhas, meias e sapatilhas de ponta. Esse sonho ainda vai se concretizar e será uma marca de real diversidade e inclusão no mundo da dança.

Em 2020, um par das sapatilhas que eu pintava virou peça de museu. O curioso é que sempre associamos a coleção de um museu a objetos de pessoas mortas, mas eu estou viva e sigo fazendo a diferença! Ele está exposto no Museu Nacional de Arte Africana Smithsonian, nos Estados Unidos, local extremamente importante para a história do povo negro americano e referência global.

Você tem noção do que é ser uma bailarina brasileira fazendo parte da história afro-americana nesse museu, que é o único nos Estados Unidos? Ainda não pude ir até lá depois que minhas sapatilhas foram incluídas como parte do acervo, mas não vejo a hora de visitá-lo com a minha família e, especialmente, com a Laura. Fico imaginando como será sua reação — na verdade, fico sonhando com esse dia!

Como aquele par de sapatilhas representa o passado, espero que vençamos em nossa busca por diversidade no presente e no futuro. Espero que a pluralidade — de cores, de corpos, de gêneros — vença. E sabe quando isso começa acontecer? Quando eu, quando você, entendemos que temos o poder de mudança em mãos. E aqui um lembrete para mim e para você que está lendo este livro: você não é "mais um" se tiver orgulho de abraçar a sua singularidade, e todos nós somos agentes da transformação!

Agradecimentos

Quero agradecer a Deus e aos meus orixás por sempre me guiarem e estarem à frente da minha vida!

À minha mãe e ao meu pai por nunca desistirem de mim. Ao Bruno por ser o irmão mais carinhoso e cuidadoso do mundo. À vovó Maria Helena, que eu amo muito, e à vovó Umbelina, que cuida de mim lá do céu.

À Laura, que mudou e transformou a minha vida para sempre, e à Frida, minhas duas filhas, que me ensinaram o que é o amor incondicional.

Ao meu marido Fernando pelo amor e companheirismo e por ser este pai incrível. Tenho orgulho e muito amor pela nossa família.

Aos padrinhos de Laurinha: Leandro, Flávia, Valéria, Guilherme, Juliana e Bruno por todo o amor e proteção que vocês têm com ela.

À Bethânia Gomes por ser a companheira que está sempre ao meu lado. Você é a minha fada madrinha no mundo do balé. Agradeço também por ser inspiração todos os dias para mim.

À vó Nilza pelo carinho e por cuidar tão bem de mim, como sua própria neta.

Ao projeto Dançando para Não Dançar e à Thereza Aguilar por darem a oportunidade que mudou a minha vida e a de tantos outros. Esse projeto forma cidadãos para o mundo.

Ao Arthur Mitchell por ter notado algo em mim que ninguém havia visto e por ter me dado a oportunidade de ser quem eu sou hoje. Obrigada! Eu sempre vou lembrar o carinho que você tinha comigo.

À Dance Theatre of Harlem e à Virginia Johnson pela oportunidade e pelo legado que me sinto orgulhosa de representar nessa organização.

Zé Macedo, obrigada por acreditar em mim e por transformar e potencializar a minha vida e a minha história, você é um grande amigo e tio da Lau.

Guilherme Samora, obrigada por me incentivar e por me dar a oportunidade de escrever este livro e compartilhar minha história de uma maneira real. E ainda peguei o gosto pela escrita!

E agradeço a todos que já passaram e que estão na minha vida e me apoiaram. A todos os meus familiares e amigos — vocês sabem quem são — que estiveram comigo em todos os momentos e celebram cada vitória minha. Amo vocês!

Este livro, composto na fonte Fairfield,
foi impresso em papel pólen soft 80g/m² na BMF.
São Paulo, agosto de 2021.